Literarische Interpretationen

und

Betrachtungen

(Büchner, Dostojewski und Bourdieu)

Georg Herter

Literarische Interpretationen

und

Betrachtungen

(Büchner, Dostojewski und Bourdieu)

Bibliografische Information der Deutschen Nationalbibliothek:
Die Deutsche Nationalbibliothek verzeichnet diese Publikation
in der Deutschen Nationalbibliografie; detaillierte bibliografische
Daten sind im Internet über **_dnb.dnb.de_** abrufbar.

2019 Georg Herter

Herstellung und Verlag:
BoD – Books on Demand, Norderstedt.

Inhaltsverzeichnis:

Einleitung:

Auf den folgenden Seiten werden die literarischen Werke von dem deutschen Autor Georg Büchner, dem russischen Autor Fjodor Michailowitsch Dostojewski interpretiert und bei dem französischen Soziologen Pierre Bourdieu der Begriff des Habitus in seinem Werk dargestellt.

Bei den literarischen Interpretationen wurden die Werke unter psychologischen und eine soziologischen betrachtet.

Von Georg Büchner wird sein Drama „Woyzeck" unter dem Gesichtspunkt der Psychiatriereform betrachtet und behandelt.
Im Kontext der damals vorherrschenden ärztlichen und psychiatrischen Diagnostik- und Behandlungsmethoden wird der historische Woyzeck untersucht.
Dabei werden die gesellschaftlichen Prozeße der französischen Revolution, der Absolutismus und die bürgerliche Gesellschaft in Deutschland mit den moralisch-religiösen Wertvorstellungen über den Zustand von Gesundheit und Krankheit mit herangezogen und nach welchen Kriterien eine Person für zurechnungsfähig erklärt wird oder nicht bzw. verurteilt wird.

Von Fjodor Michailowitsch Dostojewski wird der Roman „Schuld und Sühne" aus der Sicht der Romanfiguren und aus der geschichtlichen Perspektive des feudalen und zaristischen Russlands beschrieben.
Dabei werden die individuellen Handlungen und

Einsichten der Protagonisten, ihre innerpsychischen Beweggründe, aus religiös-moralischer Sicht, ihrem Normen und Wertesystem, aus der soziologischen und der psychologischen Perspektive betrachtet.

Die Beweggründe und die Motive des individuellen Handelns der Menschen aus der Unterschicht und der Oberschicht werden verglichen. Der psychologische Aspekt des Übermenschen und des Machtmenschen (Macht als Motiv) wird bei den Handlungen der Romanfiguren herausgearbeitet und mit den geschichtlichen Kontext verglichen.

Von dem französischen Soziologen Pierre Bourdieu wird als zentraler Begriff der Habitus in seinem Werk dargestellt.

Neben seinen philosophischen Wurzeln wird die Funktionsweise und die Bedeutung des Habitus isoliert beschrieben und anschließend im Kontext mit seinem zentralen Werk „Die feinen Unterschiede" dargestellt.

Im Kontext des Habitus werden die drei Geschmacks Dimensionen, das ökonomische, kulturelle und soziale Kapital, die drei Kapitalformen, seine Bedeutung für den sozialen Raum, den Klassengeschmack und die Klassendistinktionen.

Georg Büchner
Georg Büchners Woyzeck-Manuskripte

Georg Büchner (1813 – 1837) schrieb während seines Leben die literarischen Werke *„Der Hessische Landbote", „Dantons Tod", „Leonce und Lena"* und das Drama *„Woyzeck"*.
Aus den brieflichen Andeutungen und den erthaltenen Handschriften aus seinem Nachlaß geht hervor, daß das Woyzeck-Manuskript in dem Zeitraum von Juni bis Oktober 1836 entstanden ist.[1] Sein Tod verhinderte die Vollendung dieses Werkes. Bei den Fragmenten des Werkes „Woyzeck" handelt es sich um drei verschiedene Szenengruppen und um zwei Einzelgruppen. Es handelt sich bei den Manuskripten um ein „work of progress". Wie das Werk im vollendeten Zustand ausgesehen hätte, ist ungewiß. Aus seinen Handskizzen ist auf keine Schlußfolgerung zu erschließen. *„Die Woyzeck-Manuskripte wurden nach Büchners Tod in seinem Nachlaß entdeckt und als beinahe vollendetes Drama identifiziert..."[2]*

Der gesellschaftliche Hintergrund in Deutschland und sein Bezug zum Drama „Woyzeck"

In Georg Büchner`s Fragment „Woyzeck" gehören der Großteil der Darsteller zu den untersten Bevölkerungsschichten. Sie leben in materiellem Elend. Es werden verschiedene Themen und Motive aus dem Leben der Personen klar und präzise dargestellt.

In „Woyzeck" geht Büchner auf die historisch-soziale Situation seiner Gegenwart ein. Sein Thema ist die Verelendung des größten Teil der deutschen Bevölkerung zu Beginn der deutschen

Industrialisierung. Dargestellt werden die sozialen Probleme des *deutschen Vormärz*.

In „Woyzeck" beschreibt Georg Büchner den entwürdigenden Menschenversuch an dem Hauptdarsteller „Woyzeck". Um aus seiner finanziellen Not heraus zu kommen und um seine Familie am Leben zu erhalten, schließt er einen Vertrag mit dem Doktor. Durch diesen Vertrag wird er zu einem Objekt der medizinischen Wissenschaft. In diesem Menschenversuch wird „Woyzeck" seelisch ruiniert. Hinter „Woyzecks" Wahn verbergen sich Auswirkungen dieses Menschenversuchs und es zeigen sich bei ihm die Krankheitssymptome einer Psychose. Er kann aus diesem Vertrag mit dem Doktor und aus diesem Versuch nicht einfach ausbrechen, da er seine Familie finanziell absichern möchte. Die Entstehung seiner Psychose hängt mit seiner alltäglichen Arbeitssituation und dem Menschenversuch zusammen. Er kommt mit der Situation als Versuchsperson und mit seiner existentiellen Notlage im Alltag nicht zurecht.

„Woyzeck" ist mit beiden Situationen, mit seiner existentiellen Notlage im Alltag und dem Versuch an seiner Person, überfordert und dieser ausgeliefert. Schließlich findet er sich mit beiden Situationen nicht mehr zurecht. Als er die Untreue seiner Geliebten Marie erfährt, erleidet er einen Schock und verliert seine Bewusstseinskontrolle. [3]

In dem Drama „Woyzeck" geht es Georg Büchner zentral um die kritische Auseinandersetzung mit der damaligen Justiz und ihren Helfern in der Kriminalpsychiatrie. Der Hauptmann und der Doktor sind im Drama namenlos. Dadurch werden diese beiden Personen typisiert und es werden im Drama nur ihre Dienstbezeichnungen genannt. Selbst die Stadt, in der die Handlungen und das Geschehen beschrieben werden, wird nur mit ihren Merkmalen geschildert. Es ist eine Stadt, in der sich eine Universität und ein Militär befindet, sowie ein jüdischer Händler und eine Bevölkerung, die in der Unterschicht lebt.[4]

Diese Zeit wird durch den Konkurrenzkampf und der Auseinandersetzung zwischen dem Adel und dem Bürgertum bestimmt. Eine neue staatliche Organisationsform herrschte zwischen dem Adel und dem Bürgertum. Das Bürgertum bestand in seinem Anliegen auf der Gleichberechtigung gegenüber dem Adel. Es handelte sich um die Forderung nach einer bürgerlichen Verfassung anstelle einer feudalen Herrschaftsform.

Das Bürgertum stützte sich in seinen Forderungen auf die Vorteile seiner verbesserten Produktionsbedingungen durch die zunehmende Industrialisierung in Deutschland. Neu entwickelte Maschinen, bessere Verkehrsbedingungen und die Entstehung neuer Produktionszweige basierten auf dem Fortschritt aus den Naturwissenschaften. Die Kleinstaaterei und die Zollkontrollen behinderten den freien Warenhandel und die Gründung eines zentralen deutschen Staates.

Im Übergang vom Feudalismus zum Kapitalismus stiegen die Gegensätze zwischen Arm und Reich an. Diese gesellschaftliche Veränderung zerstörte die alten Sozialbeziehungen der Familien in Deutschland. Den herrschenden Klassen waren diese sozialen Veränderungen nicht bewußt, weder durch reale Auseinandersetzungen, noch durch Hungerraufstände des Volkes. [5] Es war eine Epoche der Verelendung in großen Teilen der deutschen Bevölkerung.

Die Zünfte regelten in den Städten den Arbeitsmarkt

der Handwerker. Durch die fortschrittlichen Produktionsmethoden wurden in den Städten die Zünfte aufgelöst. Die Handwerker wurden arbeitslos und mussten als Tagelöhner ihr Geld verdienen. Sozialgeschichtlich entwickelte sich in Deutschland eine Massenarbeitslosigkeit. Als Ausweg aus dieser Massenarbeitslosigkeit suchten die Männer ihr Auskommen in der Beschäftigung als Arbeiter in den Fabriken oder als Soldat und die Frauen in der Prostitution. Der Adel reagierte auf die sozial-ökonomische Veränderung, indem er sich auf seinen Großgrundbesitz zurück zog, eine militärische Laufbahn ergriff oder durch die Gründung von Fabriken den Industrialisierungsprozeß förderte.

Der Hauptmann steht in „Woyzeck" für den Adeligen, der sich für die Militärlaufbahn entschieden hat. Der Doktor symbolisiert das fortschrittlich-naturwissenschaftliche und produktiv-konkurrierende Bürgertum.

Es besteht ein enger Zusammenhang zwischen Georg Büchner`s Drama „Woyzeck" und der gesellschaftlich-geschichtlichen Realität seiner Zeit. Georg Büchner stellt die gesellschaftlich-geschichtlichen Zustände seiner Gegenwart dar.

Der historische „Woyzeck"

Georg Büchner stützt sich in „Woyzeck" auf historische Quellen. Diese Quellen geben Büchner den Stoff für das Werk und für die Ausgestaltung der einzelnen Handlungen.
Als Quelle von „Wozeck" dient das gerichtsmedizinische Gutachten des Hofrats Prof. Dr. J. C. A. Clarus (1774 – 1854)[6] über den Mörder J. Ch. Woyzeck (1780 – 1824)[7]. Dieser hat am 21.06.1821 in Leipzig seine Geliebte Johanna Christiane Woost erstochen. Der Fall erregte damals öffentliches Aufsehen. Es thematisierte Woyzecks Zurechnungsfähigkeit und die Frage, wann ein Mensch für unzurechnungsfähig erklärt werden kann. Die wichtigsten Texte in dieser Debatte der Zurechnungsfähigkeit stützten sich auf das Gutachten des Hofrats Dr. Johann Christian August Clarus. Er hat als einziger den Angeklagten untersucht. Sein Gutachten führte zu Woyzecks Hinrichtung. Clarus schloß eine Unzurechnungsfähigkeit von Woyzeck aus. Der Hofrat Clarus konnte an Woyzeck kein Irresein und sonstige körperliche Krankheiten feststellen.
Büchner hat dieses Gutachten gekannt und integrierte viele Einzelheiten aus dem Gutachten in das Drama. Aus den Vernehmungen des Kriminalrichters und des Gutachters offenbarte sich das Elend dieses Mannes. Er war zuletzt dauernd arbeitslos, obdachlos, hielt sich an unterschiedlichsten Orten auf, bis ihn der Hunger in die Stadt zog. Dort bettelte er um Mahlzeiten oder um Almosen. Vor der Tat verbrachte er mehrere Nächte unter dem freiem Himmel. *„Hinzu kam eine seit etwa zehn Jahren andauernde und von mehreren Zeugen bestätigte Veränderung im Gemütszustande :*

14

depressive Schübe, optische und akustische Halluzinationen, Anzeichen von Verfolgungswahn. "[8] Der Hofrat Clarus ließ weder die von ihm selbst, weder durch die sozialen Erfahrungen entstandenen psychischen Auffälligkeiten, noch die soziale Notlage des Täters als schuldmindernd gelten. Er räumte ein, daß Woyzeck gelegentlich das Subjektive mit dem Objektiven verwechselt habe. Insgesamt sah er den Verstand und die Willensfreiheit von Woyzeck zu keinem Zeitpunkt eingeschränkt.[9] *„Die über die gegenwärtige körperliche und geistige Verfassung des Inquisiten angestellten Beobachtungen hätten nichts erbracht, was auf das Dasein eines kranken, die freie Selbstbestimmung und die Zurechnungsfähigkeit aufhebenden Seelenzustandes zu schließen berechtige.* "[10] Sein gedankenloses und untätiges Leben sei zu einer moralischen Verwilderung herab gesunken. Für Clarus stand Woyzecks Verantwortung fest.

Aufgrund Clarus Gutachten wurde Woyzeck im Herbst 1821 wegen Mordes zum Tode verurteilt. An der Schuldfähigkeit wurden Zweifel angeführt. Es fanden neue Untersuchungen, Gutachten und Stellungnahmen von Woyzeck statt. In einem neuen Verfahren wurde der Prozeß neu verhandelt. Schließlich wurde Woyzeck am 27.08.1824 hingerichtet.[11]

Mit der Zurechnungsfähigkeit von J. Ch. Woyzeck beschäftigte sich die Öffentlichkeit noch Jahre nach seinem Tod.

Büchner schildert in „Woyzeck" die Entwicklung des Verbrechens aus der Situation des Täters. Im Drama findet eine Selbstdarstellung von „Woyzeck" statt. Die Einflüsse seiner Umwelt werden aus der Perspektive von „Woyzeck" dargestellt. Seine Person wird somit verständlich.

Das Gutachten des Hofrats Prof. Dr. Clarus und die Frage der Zurechnungsfähigkeit

Der historische „Woyzeck" wurde für seine Tat als zurechnungsfähig erkannt, für schuldfähig und für seine Tat verantwortungsfähig erklärt. Wenn „Woyzeck" für seine Tat als unzurechnungsfähig anerkannt worden wäre, wäre für ihn eine Heilbehandlung in einer Irrenanstalt erforderlich gewesen. Diese Fragestellung unterlag dem untersuchenden Arzt Dr. Clarus. Zurechnungsfähig ist ein selbständiges und freies Individuum dann, wenn es fähig ist, seine Triebe zu kontrollieren. Es ist fähig, sich rational und bewußt über die Folgen seiner Handlung im klaren zu sein. Das Individuum verhält sich im gesellschaftlichen Leben rational und bewußt. Sein Verhalten orientiert sich an der Aufrechterhaltung der gesellschaftlichen Interessen und Ordnung. Die Gesellschaft wiederum bietet dem Einzelnen ein zufriedenstellendes Leben.

Der Mensch ist bestimmt durch körperliche Bedürfnisse und Triebe etc. Als Staatsbürger übt er in einem sozialen System bestimmte handlungsausführende Aufgaben und Funktionen aus.[12]

Ein Verbrecher entzieht sich seiner staatsbürgerlichen Aufgaben und Verpflichtungen zugunsten privater Interessen und fügt der Gesellschaft Schaden zu. *„Für Clarus beruht ein Verbrechen auf der unzureichenden Verbindung von privatem und allgemeinen Interesse. Der Verbrecher gilt .... als böser Einzelgänger in einer .... guten Umgebung..."[13]* Moral ist eine Verhaltensregel im Interesse der Gesellschaft und steht höher als das Einzelinteresse. Das Verhalten und das Handeln des Einzelnen orientiert sich an der

Gesellschaft mit rationaler Vernunft. Verhalten und Handlungen des Menschen, die sich gegen die gesellschaftliche Moral richten, basieren entweder auf bewußter und schuldhafter Mißachtung der Moral oder in einer krankhaften Einschränkung der menschlichen Fähigkeit, sich in der jeweiligen Situation gesellschaftlich zu verhalten.[14] Die gesellschaftliche Moral verletzt entweder ein Außenseiter, der für sein eigenes Interesse agiert oder eine Person, die aufgrund krankhafter Dispositionen sich nicht gesellschaftskonform verhalten kann. Individuelle Krankheit kann als Problem geheilt werden. Verbrecherisches Verhalten ist ein gesellschaftliches Problem. Er schädigt mit seinem Verhalten die Gesellschaft. Als Außenseiter befindet er sich außerhalb des sozialen Systems. Gesellschaftliche Organisationen sorgen durch Gesetze dafür, daß sein Verhalten weiterhin nicht die Gesellschaft gefährdet und daß das soziale System aufrecht erhalten wird. Clarus untersucht im Verhalten und im Lebenslauf von „Woyzeck" nicht nach den Ursachen und den Umständen für seine Handlungen. Er sucht nach Anzeichen für krankhaft abnormes Verhalten. „Woyzeck" war durch körperliche Schäden und seelische Mängel krank. Clarus erklärte „Woyzeck" den Zustand der freien Willensentscheidung zu. Ob „Woyzeck" den Mord im vollen Bewußtsein ausgeführt hat, wird nicht untersucht. Er orientiert sich bei seiner Entscheidung an der Kant'schen Ethik, ob die Möglichkeit der freien Entscheidung für „Woyzeck" noch gegeben war. [15] Psychosomatische Symptome beachtet Clarus bei der Untersuchung im Verhalten von „Woyzeck" nicht. Sie werden auch nicht auf seine Umwelteinflüße zurück geführt. *Clarus ermittelt nur*

17

körperliche und psychische Zustände Woyzecks und mißt sie an der allgemeinen Moral – er versucht nicht, die Entstehung dieser Zustände zu erklären." [16]

Das herumziehende Arbeitervolk im damaligen Deutschland oder der häufige Stellenwechsel wird als charakterliche Schwäche bezeichnet. „Woyzeck" verhält sich entsprechend seines sozialen Standes anständig und zurechnungsfähig. Seinem sozialen Status entsprechend ist er geistig normal, ein guter Arbeiter, gesund und ehrlich. Er entsprach also den Anforderungen seiner gesellschaftlichen Situation. Dem historischen „Woyzeck" fehlte die moralische Disziplin. Der Hofrat Dr. Clarus sieht hier den Anlaß für sein nicht soziales Verhalten und den Grund für den Mord.

„Woyzeck" ist unfähig sein Gefühls- und Triebleben entsprechend der gesellschaftlichen Moral zu regulieren. Für Dr. Clarus war die Triebfeder der Tat nicht die verbrecherische Neigung oder die Nichtfähigkeit zum freien Willen. Es war das „Übergewicht der Leidenschaft über die Vernunft".

„Diese mangelnde Kontrolle des Trieblebens, die unzureichende rationale Planung des eigenen Lebens, führt zur „moralischen Verwilderung", die schuldhaft ist und bestraft werden muß." [17]

Die Beziehung des Doktors zu „Woyzeck" unter dem Gesichtspunkt des Vertragsverhältnisses

In dem Verhalten zwischen dem Doktor und dem „Woyzeck" kommt eine besondere gesellschaftliche Beziehung zur Geltung. Beide Personen befinden sich in einem Vertragsverhältnis, indem „Woyzecks" Ausbeutung betont wird.

Doktor: mit Affekt. Aber an die Wand pissen. ! Ich hab`s schriftlich, den Akkord[1] [18] in der Hand ! [19]

„Woyzeck" befindet sich durch den Vertrag in einer sozialen Abhängigkeit. Dies wird durch die Aussage des Doktors hervorgehoben. „Woyzeck" wird zu einem Objekt der Forschung. Der Doktor repräsentiert einen sozialen Stand bzw. ein gesellschaftliches System in der damaligen Zeit. Sein Stand ist der des aufsteigenden Bürgertums. Es ist gekennzeichnet durch die Arbeits- und Kaufverträge, der Forschung und der neuen Ideen. Das Bürgertum stellt den aufsteigenden Kapitalismus und die Konkurrenz zu anderen dar. Der Doktor sucht nach dem Besonderen, dem neuen in seinen Experimenten.

Doktor: „Es gibt eine Revolution in der Wissenschaft, ich sprenge sie in die Luft."[20]

Unter den Wissenschaftlern der damaligen Zeit entwickelte sich ein scharfer Konkurrenzkampf. Selbst ernährungswissenschaftliche Experimente waren in jener Zeit Forschungsmethoden.

---

1   Wirtschaftliches Übereinkommen

19

| Doktor: | *Ißt seine Erbsen ?* |
| Woyzeck: | *Immer ordentlich, Herr Doktor.*[21] |

Der Doktor befindet sich im ständigem Konkurrenzkampf zu anderen Forschern. Das Einhalten von Verträgen sichert die gesellschaftliche Ordnung und das soziale System. „Woyzeck"s Vertragsbruch gefährdet seine Experimente und seinen Erfolg. Der bürgerliche Verstand entspricht nicht dem des „Woyzecks". Es gelingt ihm nicht, seinen Körper durch den Verstand zu disziplinieren und zu kontrollieren. Er kann seine Triebregungen nicht zurück halten. Er verkauft seinen Körper, um dadurch Geld zu verdienen. Da er seinen Körper nicht kontrollieren kann, kann er ihn auch nicht fügsam machen und wird vertragsbrüchig. Dadurch entfernt er sich von der vertraglich-geordneten Gesellschaft und entfernt sich von sich selbst. Er ist schlimmer dran als ein Proletarier, der seine Arbeitskraft verkauft. Durch diese widersprüchliche Situation der Entfremdung von der Gesellschaft und von sich selbst, kann er sich selbst nicht mehr durch den Verstand kontrollieren und es entstehen seine Wahnvorstellungen. Sein Körper und sein Verstand spalten sich auf.

Anstatt den Geisteskranken zu heilen, wird „Woyzeck" als Beobachtungsobjekt für den Doktor zu einer Besonderheit. „Woyzeck" ist somit für den Doktor eine Seltenheit für seine wissenschaftlichen Untersuchungen. Die Krankheit die „Woyzeck" zerstört, macht ihn für den Doktor zu einem wertvollen Individuum.

Der Doktor als Wissenschaftler beschreibt nur die Krankheitsbilder von Woyzeck. Die gesellschaftlichen

Zusammenhänge, die zur Entstehung der Krankheit führten, werden nicht in Betracht gezogen. Der Doktor bleibt gegenüber „Woyzeck" in einer distanzierten und überlegenen Position.

Doktor: Woyzeck, Er hat die schönste Aberratio mentalis partialis, die zweite Spezies, sehr schön ausgeprägt. Woyzeck, Er kriegt Zulage ! Zweite Spezies: fixe Idee mit allgemein vernünftigen Zustand. – Er tut alles wie sonst ? rasiert seinen Hauptmann ?

Woyzeck: Jawohl.

Doktor. Ißt seine Erbsen ?

Woyzeck: Immer ordentlich, Herr Doktor. Das Geld für die Menage kriegt meine Frau.

Doktor: Tut seinen Dienst ?

Woyzeck: Ja wohl.

Doktor: Er ist ein interessanter Kasus. Subjekt Woyzeck, Er kriegt Zulage, halt Er sich brav ! Zeig Er seinen Puls. Ja.[22]

Durch sein konkurrenzorientiertes Verhalten bringt der Doktor „Woyzeck" nicht ins Narrenhaus. Er behält und behandelt ihn selber. Wichtig für den Doktor ist das allgemeine Wohlergehen von „Woyzeck". Sein gesellschaftliches Funktionieren darf nicht unterbrochen werden. „Woyzeck" ist dem Doktor durch den geschlossenen Vertrag und seiner Behandlung ausgeliefert. „Woyzeck" fügt sich dem Doktor, um am Leben zu bleiben.
Der Doktor repräsentiert das rationale Bürgertum. Es reguliert das soziale System durch Verträge. Die Vertragspartner werden zu Einverständnisse gezwungen und müssen leistungsfähiger werden.

Das Gesellschaftssystem zur Zeit von Büchners Drama „Woyzeck"

Die Personen aus der Umwelt von „Woyzeck" stellen soziale Systeme dar. Es sind die tragenden Klassen und die primären Interaktionspartner. Marie, seine Frau, ist dagegen anders. Sie denkt über ihr Tun nach und ist zur Selbstkritik fähig. *„Diese Gebrochenheit in ihrer Rolle verhindert, dass auch sie nur Repräsentantin einer sozialen Gruppe bzw. einer menschlichen Beziehung ist. Marie wird nicht auf eine Charaktermaske reduziert, sondern als Figur mit Eigenleben gezeichnet."* [23] Die Personen in „Woyzeck" lassen sich in ihrem sozialen Status abgrenzen. Auf der einen Seite stehen die Armen und kaum gebildeten Personen. Auf der anderen Seite befinden sich die Reichen, privilegierten und gebildeten Personen. Sie verfügen über Macht und Geld und können sich durch Verträge menschliche Dienste erkaufen. Diese zwei Klassen bilden die soziale Struktur der Gesellschaft. Bildung und Wohlstand einer Minderheit und Mangel an Bildung und die Armut einer großen Mehrheit in der Bevölkerung.

In den sozialen Gruppen herrschen Gewaltbeziehungen. Zwischen „Woyzeck" und dem Doktor herrscht ein Abhängigkeits- und Lohnverhältnis. Dieser Vertrag beruht auf der freien Entscheidung zum Verkauf des Körpers gegen Geld. „Woyzeck"s Körper wird zur Ware und er selbst wird zum Forschungsobjekt. Dies sind die entscheidenden sozialen Kräfte in der damaligen Gegenwart. Hier wird nochmals deutlich, wie der Doktor als fortschrittlicher Wissenschaftler mit Verträgen das rationale Bürgertum vertritt.

Diese zwei sozialen Gruppen Hauptmann und Doktor stehen sich feindlich gegenüber, beide sind der sozialen Unterschicht feindlich gesinnt. Es herrschte eine Konkurrenz zwischen dem Adel und dem Militär, sowie der Wissenschaft, in Form der christlichen und der vertraglichen Moral. Der soziale Kampf zwischen Adel und Bürgertum beherrschte die gesellschaftlichen und politischen Ereignisse der Vormärz-Zeit. Die materiellen und sozialen Unterschiede zwischen den Armen und den Reichen sind dabei entscheidend. Diese Unterschiede können durch den politischen Machtkampf zwischen dem Feudalismus und dem Bürgertum nicht behoben werden.

Unter diesen Umständen entwickelten sich aus der materiellen Not unter den Menschen persönliche Konflikte. Der Arbeiter „Woyzeck" hat keine Zeit für seine Familie, für Marie und das Kind. Um zusätzlich Geld zu verdienen, verkauft und schädigt er seinen Körper, damit seine Familie leben kann. Marie geht eine Beziehung mit einen anderen Mann ein und befriedigt dadurch ihre Bedürfniße.

In dem gesellschaftlichen Bereichen der Armen entstehen und entwickeln sich Konflikte, weil die Armen versuchen aus der Not, in der sie leben, heraus zu kommen.

Aus der gesellschaftlichen Grundstruktur entwickelt sich eine wesentliche Entfremdung in der Bevölkerung. Keiner Person und keinem Stand kann eine spezielle Schuld für ihr Verhalten angelastet werden. Die Gewalt in der Gesellschaft ist das Resultat aus den sozialen Widersprüchen in der Gesellschaft. Jede Person leidet unter diesem Gewaltsystem. Das Verhalten des Einzelnen wird durch das gesellschaftliche System bestimmt. Die Menschen werden zum Kampf gegeneinander gezwungen. So ist der Doktor in seinem Konkurrenzkampf gefährdet, er muß sich selbst disziplinieren, um leistungsfähige Forschung zu verwirklichen. Persönliche Laster sind nicht bösartig und gewalttätig, sie sind das Resultat der Sozialstruktur, die die persönliche Freiheit verhindert. *„Unter dieser Sozialstruktur leidet jeder, „Woyzeck" und Marie, da sie den Widerspruch zwischen Bedürfnissen und Lebensumstände nicht kaschieren können.: für sie gibt es keinen Ausweg in Religion oder Wissenschaft."* [24]

Die Entwicklung der Psychiatrie in der absolutistischen und bürgerlichen Gesellschaft und deren Psychiatriereform

Im Absolutismus wurden die Geisteskranken als eine Randgruppe der Gesellschaft betrachtet. Sie störten die öffentliche Ordnung, kamen unter polizeilicher Verwahrung und wurden interniert. Die Geisteskranken wurden unter menschenunwürdigen Bedingungen behandelt und verwahrt. Sie wurden z.B. als Delinquente, Außenseiter, Obdachlose, Minderbegabte, Verarmte und psychisch Kranke in für sie vorgesehene Häuser unter gebracht. [25] Der geistig Verwirrte galt als ein Mensch, der in das Animalische zurück gefallen ist. Sein Verhalten wurde als ansteckend betrachtet. Der Kranke wurde von der Gesellschaft ausgegrenzt und in „Psychiatriekasernen"[26] eingeschlossen.

Die Irrenanstalten wurden als Zuchthäuser bezeichnet und sie symbolisierten bzw. repräsentierten die psychiatrischen Anstalten. Die Zunahme des Anstaltswesens in den Jahren nach 1820 steht im Zusammenhang mit der politischen Ordnung.[27] Sie war ein Ergebnis der gesellschaftlichen Entwicklung des 18.

Jahrhunderts. Die psychiatrische Ordnung wurde von der bürgerlichen Gesellschaft und deren Vernunft geschaffen.

Durch die Säkularisierung wurde die Geisteskrankheit nicht mehr als Aberglaube betrachtet und ausgegrenzt. Der Staat als gesellschaftlich-soziales Kontrollorgan kümmerte sich um die Geisteskranken. Die Menschen in den psychiatrischen Anstalten brachten schon sehr früh die Frage der Geisteskrankheit und ihren Charakter als eine soziale Frage zum Ausdruck. Der Wahnsinnige passte nicht in die Vertragsgesellschaft. Er wurde als ein unvernünftiges Subjekt und als kein Rechtssubjekt betrachtet, der sich außerhalb des Warentausches der bürgerlichen Rechtsverhältnisse befindet.

In der sich entwickelten bürgerlichen Gesellschaft war der Geisteskranke eine besondere Herausforderung. Dies führte zu einem anderen Umgang mit den Geisteskranken und zu einem anderen Selbstverständnis in der bürgerlichen Gesellschaft. Die öffentliche Gesellschaft war von der Geisteskrankheit der Menschen betroffen.

In der bürgerlichen Gesellschaft war die Vernunft ein entscheidendes Kriterium an dem die Frage der Menschenrechte des Geisteskranken gestellt wurde. Der Geisteskranke sollte von den Menschenrechten nicht ausgeschlossen werden. Auch sie sollten an dem Fortschritt der Humanität teilhaben. Der Geisteskranke wurde unter einem anderen Gesichtspunkt neu entdeckt und erkannt. Politiker, Ärzte und Philosophen drängten auf eine menschenwürdige Behandlung für die Geisteskranken.

Die Aufklärung brachte den Menschen aus seiner Unmündigkeit heraus. Das politische und das bürgerliche Verantwortungsbewußtsein strebte danach, daß auch der Geisteskranke aus dieser Unmündigkeit geheilt wird.

Ausgehend von der Französischen Revolution wurde in Deutschland durch den preußischen Staat eine Irrenreform durchgeführt. Der feudal geprägte preußische Staat reformierte die Frage der Geisteskranken im Land. Es wurden Heilanstalten für Geisteskranke geschaffen und sie wurden entsprechend ihrer Krankheit behandelt. Die Psychiatriereform und deren Geschichte blieb in Deutschland umstritten. Die alte Ständegesellschaft der privilegierten Sozialgruppen lehnten diese Reform ab. Für das aufsteigende Bürgertum war diese Irrenreform eine Prestigeform. *„Der gesellschaftliche Umgang mit der Irrenfrage in der Übergangsgesellschaft des Vormärz stützt die These, dass die frühere bürgerliche Gesellschaft als ein eigenständiger Typus gesehen werden kann, als eine Formation, in der die Vertreter der bürgerlichen Bewegung den Versprechen der Aufklärung geschichtliche Realität zu verleihen versuchten."*[28] Die Vertreter der bürgerlichen Bewegung versuchten die Aufklärung in die Realität umzusetzen. *„Die Psychiatriegeschichte verweist auf den Weg, den die bürgerliche Gesellschaft im 19. Jahrhundert gegangen ist."*[29]

Am Anfang war das Bürgertum als eine eigene Klassengesellschaft an einer Reform interessiert. Dies änderte sich durch die gesellschaftlichen Veränderungen der Industrialisierung und der Verstädterung. Die frühe bürgerliche Gesellschaft fühlte sich einem Gesellschaftskonzept verpflichtet, das allen Menschen half, auch den Schwächsten. *„Hinter den institutionellen Neuerungen, die während des Vormärz* *in der Irrenversorgung zustande kamen, stand neben der grundsätzlichen Reformbereitschaft des Staates auch das idealistische Pathos der bürgerlichen Schichten.*[30]

Der psychiatrische Behandlungsansatz der Geisteskranken im 18. Jahrhundert

Aufgeklärte Ärzte haben im 18. Jahrhundert psychische Störungen als Krankheiten diagnostiziert. Den Wahn - die Störung des Erkennens, die Verstimmung – die Störung des Gefühls, den Zwang – die Störung des Verhaltens. Die Aufklärung erkannte, daß solche Störungen nicht durch böse Mächte, Teufeln oder Dämonen den Menschen ergriffen haben und vertrieben werden müsse.

Den Geisteskranken fehlte ihr eigenes Krankheitsbewußtsein. Sie wiesen angebotene Hilfe zurück, sonderten sich ab, verwahrlosten oder gefährdeten sich und andere. Wohltätige Stiftungen, Heime und staatliche Anstalten nahmen sich den Geisteskranken an. In den Narrenhäusern waren die Kranken meist unter sich. In anderen Häusern gerieten Geisteskranke unter Ausgestoßenen, Bettlern, Kriminelle und Prostituierte. Das französische Salpetriere Hospital war ein solcher Ort. Zeitgenössische Berichte aus Irrenanstalten des 18. Jahrhunderts schildern Kranke als absonderliche und unbeherrschbare Menschen. Sie wurden wie wilde Tiere isoliert, gezüchtigt, diszipliniert und behandelt. Es entstand das Bild des *„mad doctor."*[31] ein Arzt, der selber ein Irrer ist. Diese schaurige Welt übte auf die Bürger einen Anreiz aus. Die Irrenanstalten wurden von Künstlern und Reisenden als Sehenswürdigkeiten besucht und betrachtet.

Im aufgeklärten Zeitalter entstanden Widersprüche in der Rationalität und in der Objektivität über den Menschen. Aus der Lehre der Physiognomik sahen die Gelehrten auf das Innenleben und auf den inneren Charakter eines Menschen. Mit der Urbanisierung und der Industrialisierung nahm die Mobilität und der Kontakt unter den Menschen zu. Johann C. Lavater (1741 – 1801) entwickelte seine *Physiognomischen Fragmenten zur Beförderung der Menschenkenntnis und der Menschenliebe.* Mit dieser Lehre gab er den Menschen ein Wissen, um vom Äußeren auf das Innere des Menschen schließen zu können.[32]

Mit der Aufklärung, der bürgerlichen und der industriellen Revolution erhielten die Geisteskranken als Objekt eine soziale und medizinische Unterstützung und Fürsorge. Sie wurden nicht mehr angekettet. Die aggressiven, quälenden und bestrafenden Drehmaschinen, Ketten und Zwangseinrichten wurden abgeschafft. Sie wurden von diesen Behandlungsmethoden befreit.

Francis Willis (1717-1807) und der Quäker William Tuke[2] gründeten in York/England 1796 die erste offene Heilanstalt. Ziel ihrer Behandlung war eine Heilung zur *„Selbstzucht und der Selbstachtung".[33]* Der Behandlungsansatz war ein frühes lerntheoretisches und verhaltenstherapeutisches Vorgehen. [34] Der Fürsorgeansatz und die Behandlung beinhaltete die Mitarbeit in der Landwirtschaft oder im Handwerk. Durch die Mitarbeit der Geisteskranken solle die menschliche Seele und der Geist wieder zur Vernunft kommen.

---

2   In dem Buch von Gertrud Hartdmann, Irren Haus, werden darüber
      keine Lebensdaten angegeben.

*„Wenn die Seele einen Moment lang beim Anblick
dieser schrecklichen Krankheit leidet, die dazu
geschaffen scheint, die menschliche Vernunft zu
erniedrigen, verspürt man sofort zarte Emotionen,
wenn man all das betrachtet, was eine einfallsreiche
Aufmerksamkeit zur ihrer Heilung und Erleichterung hat
erfinden können."* [35] Die positiven Ziele dieser
Vorgehensweise waren die Stärkung der Selbstachtung
und des Selbstwertgefühls der Kranken. Die negative
Erscheinung war die industrielle Ausbeutung der
Kranken. Mit der Aufhebung der physischen Bestrafung
durch Ankettung, folgten subjektive und psychische
Sanktionen. *„Durch quälende Einwirkungen wie Durst,
Hunger, Kälte oder Brechmittel sollten die
Geisteskranken wieder zur Vernunft gebracht
werden."* [36] Der deutsche Philosoph Immanuel Kant
(1724 – 1804) betrachtete die Psychopathologie nach
dem Wissensstand seiner Zeit. Die seelischen
Krankheiten lagen nach Kant in einem schwachen
Einsichtsvermögen des Menschen. Diese Krankheiten
gehörten zur Unvernunft des Menschen. Nach Kant
seien die Kinder, die Weiber und das Volk schwach bei
Verstand. Beim geisteskranken Menschen sei seine
geordnete Vernunft zerfallen. Die Vernunft werde durch
die Unvernunft ersetzt. [37] *„Eine solche Entwicklung sei
Schuld und Schicksal zugleich, teils angeboren .... teils
selbstgemacht. In seiner leidenschaftlichen Ablehnung
der Leidenschaften, die er als „Krankheiten des
Gemüts" ... für die praktische Vernunft anprangerte,
verrät Kant eine deutliche Parteinahme. Wie sehr er
selbst von hypochondrischen und zwanghaften
Symptomen geplagt wurde, hat Weichschedel 1966 in
der Philosophischen Hintertreppe eindrucksvoll
beschrieben."* [38]

1797 schrieb Johann Gotthelf Langermann in seiner Dissertation, daß die Seele des Geisteskranken an sich selbst leide. Durch die Leidenschaft sei die Seele zerrüttet. An der Unvernunft sei der Mensch selbst schuld, doch diese sei heilbar und der Geisteskranke habe die Pflicht, sich selbst zu ändern. Bei dieser Änderung könne der Arzt dem Geisteskranken helfen.[39] Die Geisteskranken wurden in den Anstalten zu sinnlosen körperlichen Tätigkeiten gezwungen und einer autoritären Disziplin unterworfen. Der Anstaltspsychiater Ernst Horn (1774-1848) verordnete den Geisteskranken in einer Vorlesung das Zwangsstehen und fixieren, uneffektive und sinnlose Arbeiten. Horn fiel seinen therapeutischen Maßnahmen selbst zum Opfer. Nachdem eine Patientin bei einer dieser therapeutischen Maßnahmen gestorben ist, wurde Horn 1818 verurteilt.

In der weiteren Entwicklung gerieten die Irrenanstalten für Geisteskranke unter die zweifache Kritik. Erstens wurde gefordert, daß die Kranken als empfindliche Menschen anerkannt werden und ihnen eine menschenwürdige Behandlung gewährleistet wird. Zweitens ging man von der Ansicht aus, daß sich durch die Zustände in den Irrenanstalten, die Lage der Kranken nicht bessert, sondern verschlechterte. In England und Frankreich wurde das *„moralische Regime"* in den Krankenhäusern eingeführt. Es wurde ein Verständnis für die Kranken gefordert wie Freundlichkeit, eine geduldige Pflege, regelmäßigen Arztbesuch und der Verzicht auf Zwangsmaßnahmen. Im Vergleich zu England oder Frankreich, entwickelte sich Deutschland anders. Der Grund lag in der Vorstellung, daß der Geisteskranke mit allen Mitteln und Anforderungen der Vernunft und der Sittengesetze entsprechen soll. Den Ärzten war der tiefenpsychologische Aspekt im Menschen nicht bewußt. Die Seele, die Gefühle und die Affekte wurden beim Kranken nicht beachtet.

Der deutsche Theologe und Anwalt der Humanisierung C. A. Hayner (1811)[3] vertrat z.B. die Idee der Verwirklichung des hohlen Rades. Mit diesem Rad sollten die Kranken aus ihrer Traumwelt in die Wirklichkeit gebracht werden. Die Wirklichkeit zu jener Zeit war die industrialisierte Gesellschaft. Diese Gesellschaft handelte nach ihren eigenen Vernunftgesetzen.

In Pirna/Deutschland wurde das sozialpsychiatrische Prinzip eingeführt. Nach dem der Kranke die Anstalt verlassen hat, soll der Kontakt mit dem Kranken aufrecht erhalten und eine Nachbetreuung gewährleistet werden.

Nach F. Nasse (1778 – 1851) befanden sich 1821 nur ein Sechstel der Geisteskranken in ärztlicher oder stationärer Behandlung. [40] Die Mehrheit der Geisteskranken lebte zwischen den Zuchthäusern, den Asylen und auf der Straße.

Die deutschen Ärzte und Psychiater waren geprägt von ihren persönlichen Weltanschauungen und ihrem damaligen Wissenstand. Dies bestimmte ihr Alltagshandeln und ihre wissenschaftliche Einstellung. Sie waren beeinflußt durch philosophische und pädagogische Ansichten. Der naturwissenschaftlichen Medizin begegneten sie mit Skepsis. Sie handelten nach philosophischen, pädagogischen und religiösen Gesichtspunkten.

---

3   In dem Buch von Gertrud Hartdmann, Irren Haus, werden darüber keine Lebensdaten angegeben.

Das *Lehrbuch der Störungen des Seelenlebens (1818)*
von C. A: Heinroth (1773-1843) ist geprägt durch eine
religiöse Psychiatrie. Die moralisch-religiöse Vernunft
befinde sich in jedem Menschen. Für die inneren bösen
Antriebe des Menschen sei er selbst verantwortlich.
Durch eine religiöse Veränderung könne der Mensch
zur Vernunft und zu seinem Selbst kommen. Die
Menschen seien alle unerzogene Kinder und der
Gefahr ausgesetzt, sich zu verirren. *„Deshalb müssten
sie prophylaktisch durch die Religion zur Vernunft
gebracht werden."*[41]
Die deutschen Anstaltpsychiater wie J. Ch. Reil (1759 –
1813) , J. S. Langermann (1768 – 1832) und Ernst
Horn (1774 – 1848) orientierten sich erst später an den
englischen und französischen Vorbildern. Bis dahin
orientierten sie sich an naturphilosophischen und
theologischen Ideen.[42]
Der Philosoph und Psychologe Friedrich Eduard
Beneke wandte sich gegen die rein materialistische
Auffassung, daß die Ursache alles psychischen Leiden
im Körper zu suchen sei.
1808 führte der deutsche Mediziner Johann Christian
Reil einen Beitrag über die „psychischen Curmethoden
für Geisteskranken" ein. Der Mediziner Reil erkannte
die körperlichen Grundlagen der psychischen Leiden
an. Er verwies auf den Zusammenhang und auf die
Bedeutung von seelischen Ursachen (Vorstellungen,
Gefühle, Begierden) für die psychischen Krankheiten
hin. *„Diese Ursachen vermöge der Arzt durch den
Einfluß auf die Umgebung und durch die sprachliche
Instruktion zu verändern."*[43]
Der Mediziner Reil trennte die medizinischen
Disziplinen in die Chirurgie, die Arzneikunde und die
Psychiatrie. Den psychischen Störungen und deren

Heilung ordnete der Mediziner Reil der Psychiatrie zu.
Er nannte sie abwechselnd die *psychische Medizin* und
die *psychische Therapeutik.*
Der von dem Mediziner Reil entwickelte
Psychiatrieansatz beschäftige sich nicht nur mit den
seelischen und geistigen Störungen. Er blieb aber ein
wichtigstes Anwendungsfeld in der Psychiatrie. Seine
psychiatrische Gesprächs- und Verhaltenstherapie
wurde durch pharmakologische und chirurgische
Maßnahmen ergänzt. Es wurden auch organische
Ursachen angenommen. Zu Reils Empfehlungen
gehörten auch Arzneien, Salbungen, Bäder, das
Einatmen ätherischer Öle und chirurgische Eingriffe wie
der Aderlaß oder die Kastration.
Die *„psychische Curmethode"* von Reil setzt auf das
Wertebewußtsein des Kranken. Im Gespräch mit dem
Kranken soll der Arzt ihm seine Wahnvorstellungen und
Zwänge zur Einsicht bringen. Ebenso könne der Arzt
dem Kranken helfen, seine Umgebung angemessen zu
gestalten.
Reil befürwortete die humane Behandlung von Geistes-
und Nervenkranken. *„Irrenanstalten sollten in
anmutigen Gegenden liegen. Sie sollten Kranke davor
bewahren, andere und sich selbst zu schädigen, sie zu
Beschäftigung anhalten und ihnen zu mehr
Lebensfreude verhelfen."*[44]
Der von Reil geprägte Begriff der Psychiatrie hat sich in
der ganzen Welt verbreitet.
Der Französische Arzt Philipe Pinel (1745-1826) aus
der Pariser Salpetriere übertrug die Prinzipien der
Französischen Revolution auf die Irrenhäuser. Er
befreite die Geisteskranken von den Ketten und den
physischen Geräten. Anstatt die Geisteskranken zu
moralisieren, sorgte Pinel dafür, die Geisteskranken

nach naturwissenschaftlichen Methoden zu beobachten und zu erforschen. Der Umgang mit den Geisteskranken war für Pinel eine Methode, sie zu begleiten und zu leiten.

Pinel entwickelte unter dem Namen „Philosophische Psychiatrie" ein Konzept für eine humane Psychiatrie. Psychische Störungen werden nach der Art und der Entstehung unterschieden und je nach der Störungsform wird eine eigene und separate Behandlung angewendet. In Frankreich wurde am 30.06.1838 ein Gesetz für die Geisteskranken beschlossen, das ihnen das Recht auf Fürsorge und Pflege zu erkannte.

Das geistige und das seelische Leiden (Störungen der Vorstellung wie Größenwahn, Verfolgungswahn oder der Affekte wie Manie oder Depression) verlangte eine sachkundige Hilfe des Arztes. Philosophen und Mediziner beschäftigten sich mit den psychischen Störungen. Sie äußerten sich über Hypochondrie, Melancholie oder Wahnsinn. Geistige und seelische Leiden waren Themen der Psychologie des 19. Jahrhunderts.

Zusammenfassung - die Psychiatriereform und das Gutachten des Hofrat Prof. Dr. Clarus

Warum hat der Hofrat Prof. Dr. Clarus die neuen Behandlungsmethoden der Psychiatriereform beim erstellen des Gutachtens vom historischen „Woyzeck" nicht beachtet ?

Hofrat Prof. Dr. J. C. A. Clarus lebte im Zeitraum von 1774 bis 1854. Er lebte in einer Zeit, die gekennzeichnet war durch eine aufkommende bürgerliche Gesellschaft und einer fortschrittlich-konkurrierenden Industrialisierung in Deutschland. Gleichzeitig entwickelte sich in der deutschen Gesellschaft eine Veränderung in der Erwerbsarbeit. Die Folgen waren eine Verarmung und eine Verelendung in den untersten Bevölkerungsschichten und die Zunahme der Massenarbeitslosigkeit. Bei den untersten Bevölkerungsschichten führte dies zu vermehrtem Stellenwechsel. Die Mehrheit der deutschen Bevölkerung wanderte vom Land in die Stadt. Mit der Zunahme der Urbanisierung und der Verstädterung entwickelten sich Elendsvierteln am Stadtrand. Die dort seßhafte Bevölkerung lebte in existentieller Not. Diese existentielle Not hinterlies Spuren in der Gesundheit und in der Seele der betroffenen Menschen. Zu diesen psychischen Folgeerscheinungen gehörten unter anderem auch die Geisteskrankheiten. Der Geisteskranke stellte als Folge der Urbanisierung und der Verstädterung für das damalige Gesellschaftssystem ein Herausforderung dar. Er sollte auch an dem geistigen Fortschritt der Menschenrechte und der Menschenwürde teilhaben. Seine Unzurechnungsfähigkeit befand sich im Widerspruch mit der bürgerlichen Rationalität, dem

Verstandesdenken und dem Gedanken des Vertragsverhältnisses. Einen Vertrag einzugehen und abzuschließen kann ein Mensch nur dann, wenn er sich seiner Tat und Handlung bewußt ist. Dies setzt voraus, daß er genau weiß, was er möchte und was er will, um daraus die Folgen seiner Entscheidung abzusehen bzw. abzuschätzen.

Es war eine Zeit der gesellschaftlichen Veränderung im damaligen Deutschland und in Europa. Durch die Französische Revolution kamen die Gedanken der Brüderlichkeit, der Freiheit und der Gleichheit in das menschliche Bewußtsein. Dies prägte nicht nur die europäischen Staaten und Gesellschaften, sondern auch den einzelnen Menschen, den Bürger eines Staates. Es war auch eine Zeit, in der sich die deutschen Philosophen, Ärzte, Psychiater etc. mit dem neuen Gedankengut auseinander setzten, die sich aus der Französischen Revolution entwickelt haben. Die oben aufgeführten Berufsgruppen orientierten sich Anfangs in ihrem Umgang mit dem Menschen an philosophische, pädagogische und moral-religiöse Weltanschauungen. Sie waren durch diese Weltanschauungen geprägt und beurteilten nach diesen Gesichtspunkten den Menschen, auch den Geisteskranken. Diese Sichtweise versperrte ihnen den Zugang und das seelische Verständnis für den Geisteskranken. Sie waren vermutlich auch geprägt von der Kant`schen Ethik und Lehre und dessen Ansicht über den Krankheitszustand des Geisteskranken und seiner Unvernunft. Vermutlich waren diese Berufsgruppen auch durch Behandlungsmethoden wie den Ansätzen der Psychiater Ernst Horn oder des Theologen und Humanisten C. A. Hayner geprägt. Johann C. Levaters

Lehre der Physiognomik versprach den einzelnen Menschen eine Orientierung für den anderen Menschen, in der Massengesellschaft objektiv zu verstehen und zu beurteilen. C. A. Heinroths psychiatrischer Behandlungsansatz der Seelenstörung des Geisteskranken basierte auf einer moralisch-religiösen Vernunft. Sie beachteten und beurteilten den Geisteskranken nach ihren subjektiv-gesellschaftlichen Maßstäben, Kriterien, etc. zu denen die Vernunft, die Religiosität, die Objektivität etc. gehörten. Was ihnen fehlte, war den Geisteskranken, rein objektiv, nach naturwissenschaftlichen Kriterien zu beobachten und zu untersuchen etc., um dadurch sein subjektives Verständnis für seine seelische Lage zu erkennen und zu verstehen. Hofrat Dr. Clarus war wohl in seinen medizinischen und wissenschaftlichen Umgangs- und Behandlungsmethoden noch ein Mensch seiner Zeit, der den Menschen nach den alten und üblichen Behandlungsmethoden behandelte und beurteilte. Er untersuchte, behandelte, beobachtete und beurteilte den Menschen nach den damaligen vorherrschenden philosophisch, pädagogisch und moral-religiös wissenschaftlichen Kriterien. Dies bestätigt auch sein Gutachten, da er nach der Kant`schen Ethik und Lehre den historischen „Woyzeck" untersuchte, beobachtete und sein Urteil über ihn schrieb. Dieses Urteil führte zu „Woyzecks" Hinrichtung.

Der Französische Arzt Philipe Pinel starb im Jahre 1826. Während er in der Pariser Salpetriere arbeitete, führte er zum Wohle der Geisteskranken eine Reform durch und änderte die Behandlungsmethoden im Umgang mit den Geisteskranken. „Woyzeck" wurde 1821 auf das Gutachten von Clarus verurteilt und 1824 hingerichtet. In dieser Zeit existierte schon die von

Philipe Pinel in der Pariser Salpetriere eingeführte „Philosophische Psychiatrie", die auf dem Gedanken der Französischen Revolution basierte.

Der Anstaltpsychiater J. Ch. Reil starb im Jahre 1813. Der Mediziner Reil orientierte sich zu seinen Lebzeiten nach den englischen und französischen Vorbildern und führte 1808 in Deutschland die „psychischen Curmethoden für Geisteskranken" ein. Mit diesen Methoden sollten die Geisteskranken eine andere Behandlung erhalten. Diese „psychischen Curmethoden für Geisteskranken" existierten 13 Jahre bevor Clarus im Jahre 1821 das Gutachten über „Woyzeck" ausstellte, das 1824 zu dessen Hinrichtung führte.

Aus den vorliegenden Unterlagen war nicht ersichtlich, ob es eine Beziehung zwischen der „Philosophischen Psychiatrie" von Philip Pinel, den Reformen von J. Ch. Reil und des Hofrats Prof. Dr. Clarus vorhanden war bzw. ob Clarus diese Psychiatriereform kannte. Was aber aus den Unterlagen ersichtlich ist, ist folgendes. Sowohl in Frankreich als auch in Deutschland gab es, als Dr. Clarus 1821 das Gutachten über „Woyzeck" erstellte, eine Psychiatriereform, die für eine andere Einstellung in der Beobachtung, der Beurteilung und in der Behandlung der Ärzte zu den Geisteskranken plädierte. Wenn sich Dr. Clarus nach der Kant`schen Ethik und Lehre orientierte und danach „Woyzeck" beobachtete und beurteilte, dürften bzw. könnte er noch von einer anderen philosophisch, pädagogischen und moral-religiösen Weltanschauung geprägt sein. Wie schon oben erwähnt, geht aus den verwendeten Unterlagen nicht hervor, ob er die damalige Psychiatriereform gekannt hat und es besteht auch kein Zusammenhang zwischen Dr. Clarus und der

Psychiatriereform. Fest steht aber, das zu der damaligen Zeit eine Psychiatriereform existierte und diese auch durchgeführt wurde. Es gab auch schon Ärzte, wie der Mediziner Reil, die eine andere Einstellung gegenüber den Geisteskranken hatten und sie unter anderen und neueren Gesichtspunkten beobachteten und behandelten. Unter diesem Gesichtspunkt war es ein Fehler vom Hofrat Dr. Clarus, daß er die damaligen neuen Psychiatriereformen und das neue Menschenbild über den Geisteskranken bei der Behandlung des historischen „Woyzeck" nicht mit beachtete und betrachtete, sofern er diese neue Behandlungsform kannte.

Clarus beachtete bei der Person „Woyzeck" nicht dessen Menschenwürde, weder seine Menschenrechte, noch seine Gleichberechtigung in der Behandlung seiner Krankheit und seiner Unzurechnungsfähigkeit.

In dem Drama „Woyzeck" stellt Georg Büchner dar, daß sowohl der „Woyzeck" in seinem Werk , als auch der historische „Woyzeck" keine Menschenwürde, Menschenrechte und Gleichberechtigung durch den Doktor und den Dr. Clarus erfahren und erlebt hat. Büchner stellt eine kritische Auseinandersetzung mit seiner Zeit dar. Gleichzeitig kann die in „Woyzeck" dargestellte Kritik auch in der Gegenwart vorherrschen und an Gültigkeit bekommen.

Wenn Reformen im Umgang mit Menschen stattfinden und entstehen, dann deshalb, weil die alten Vorgehensweisen oder Methoden im Umgang und in der Behandlung mit den Menschen nicht mehr akzeptabel, tolerierbar oder umsetzbar sind. Die Wissenschaftler oder die Ärzte sind dann dadurch auf neue Erkenntnisse gekommen. Die Forscher, die Ärzte etc. sollten dann aus den Erkenntnisgründen der bisherigen Vergangenheit und zum Wohle des Menschen, eine menschenwürdige Vorgehensweise und neue Behandlungsmethoden praktizieren.

Fjodor Michailowitsch Dostojewski
Der Roman „Schuld und Sühne" aus soziologischer Sicht

Die Biographie von Fjodor M. Dostojewski

Als Sohn eines Armenarztes lernte Fjodor Michailowitsch Dostojewski (1821-1881) in seiner frühesten Jugend die soziale Not und Armut kennen. Armut und Not begleiteten ihn sein Leben lang. Er verlor früh seine Eltern. Seine Mutter starb 1837 an Schwindsucht. Sein Vater wurde 1893 von leibeigenen Bauern erschlagen. Den Verlust seiner Eltern traf Dostojewski schwer. Den Tod seines Vaters verkrafte er nicht. Ein heftiger konvulsivischer Anfall folgte. Es war das erste Anzeichen seiner Krankheit, unter er sein Leben lang litt. Er litt an Epilepsie. Sein Leben war ein Kampf um die materielle Existenz, die gefährdet war. Neben der materiellen Not, litt er an der unheilbaren Krankheit Epilepsie und an der Spielleidenschaft. Dies brachte den sensiblen und menschenscheuen Dostojewski in krisenhafte Zustände und in tiefste Verzweiflungen.
Dostojewski besuchte die Ingenieurschule an der Petersburger Militärschule. Ihn interessierte mehr die Literatur als die Technik. Zu seiner literarischen Beschäftigung zählte die französische und die deutsche Literatur. Seine erste Veröffentlichung war die Übersetzung von Balzacs Eugenie Grandet (1844). Nach seinem Ingenieurstudium 1843 trat er beim Kriegsministerium in den Staatsdienst. Ein Jahr danach gab er die Stelle auf und widmete sich seit 1845 der Literatur. In seiner Literatur beschrieb er die niedrige und menschenunwürdige Stellung des Proletariats in

der aristokratisch-bürgerlichen Gesellschaft.
Sein erster literarischer Erfolg war 1845 der Roman
„Arme Leute". Dostojewski beschrieb die existenziellen
Probleme des Proletariats aus der philosophischen
Sicht. Die menschliche Psyche und ihre Tiefen wird
darin behandelt. Seine Figuren werden in ihren tiefsten
Gefühle beschrieben. Die Darstellung der
menschlichen Innenwelt gewann für Dostojewski immer
mehr an Bedeutung. Sie wurde für ihn in seinem
literarischen Schaffen eine Richtlinie, welche die
Situation des Menschen in der damaligen Gesellschaft
ausdrückt.
Es war eine Vorgehensweise die zur Erkenntnis des
Menschen und seiner Stellung im Leben führt. Viele
spätere Figuren in seinem literarischen Werk sind
durch Charaktereigenschaften wie der „schöne
Mensch" dargestellt. Es sind unentschlossene und
passive Menschen. Sie sind zu keinem Aufbegehren
fähig. Hier zeigen sich bei Dostojewski die ersten Züge
der religiösen Humanisierung.
Dostojewski wählte für sein literarisches Schaffen die
Form des Briefromans. Er hatte hier die Möglichkeit in
der mitteilenden Form die seelischen Erlebnisse seiner
Figuren darzustellen. Die in Briefform beschriebenen
Handlungen und Verhaltensweisen seiner Figuren sind
die der Alltagsmenschen. Dostojewski verwendete in
seinem Roman „Arme Leute" den Sprachstil aus der
unteren Schichten der russischen Gesellschaft. Dies
vermittelte dem Werk eine herzliche Wärme.
In *„Der Doppelgänger" und „Die Abenteuer des Herrn
Goljadkin" (1846)* werden sozialpsychologische
Probleme der Menschen beschrieben. Die Erzählung
„Der Doppelgänger" ist geprägt durch das krankhafte
und überreizte Bewusstsein eines ehrgeizigen

Beamten. Das Problem des Doppelgängers ist die Bewußtseinsspaltung seiner Persönlichkeit. Unter dem Druck einer unmenschlichen bürokratischen Hierarchie und deren Anforderungen verdrängt ein Beamter sein Ichbewusstsein. Er verliert sein Selbstbewusstsein und wird seelisch krank. Im Bewusstsein des Doppelgängers erscheint ein anderes Ich. Es handelt sich um ein geheimes und unbewusstes Ich. Sein egozentrisches Streben nach beruflichem Erfolg hat seinen Preis. Er verliert seinen Verstand. Mit der Hilfe seines Doppelgängers wird er im Zustand des Verfolgungswahns ins Irrenhaus eingeliefert.

In Dostojewskis Werk ist die Vorliebe für das pathologische enthalten. Es ist die realistische Darstellung von Lebensbegebenheiten des Menschen und seine innere psychologische Auflösung der Persönlichkeit. Dies sind Merkmale von Dostojewskis Menschenbild.

In den Jahren 1847 – 1849 nahm er regelmäßig an den Freitagsgesprächen im Kreis des revolutionäres Publizisten Butaschewitsch-Petraschewski teil. Darin wurde der Sturz der Monarchie und die Abschaffung der Leibeigenschaft gefordert. Hier sammelte Dostojewski die persönlichen Erfahrungen für seine Werke. Im diesem Kreis suchten die Teilnehmer nach einer gesellschaftlichen Umgestaltung des zaristischen Russlands. Der junge Dostojewski stimmte der Gruppe der Petraschewzen zu. Er kritisierte das Leibeigenschaftsverhältnis. *„Eine Besonderheit der ideologischen Position Dostojewskis war die Verbindung des Sozialismus mit dem Christentum."*[45] Der Sozialismus sei ein eigenwilliger Zweig des Christentums. 1847/48 überwarf er sich mit den führenden Kritikern Russlands. Dostojewski vertrat immer die Ansichten und die sozialpolitischen Auffassungen der revolutionären Demokraten. Im April 1848 wurde Dostojewski mit anderen Mitgliedern dieses Kreises verhaftet. Vom Gericht wurde er zum Tode durch Erschießung verurteilt. Vor seiner Hinrichtung begnadigte ihn der Zar Nikolai I. zu vier Jahren Zwangsarbeit nach Sibirien und mit anschließendem Militärdienst. Durch den Petraschewzenkreis bildete sich seine kritische und seine bewusste Weltanschauung heraus. Er war gegen die soziale Ungleichheit und der Unterdrückung der Menschen und er trat für eine Demokratisierung und Humanisierung in der russischen Gesellschaft ein. Sein schriftstellerischer Schaffensprozeß basiert auf diesen Hintergrund.

Im Jahre *1859* erschien die ironische Erzählung *„Onkelchens Traum"*. In dem Roman *„Das Gut Stephantschikowo und seine Bewohner" von (1859)* porträtiert er die russischen Gutsbesitzertypen in satirischen Charakterzügen. Im Jahre *1870* erschien das Genre *„Der ewige Gatte"* in Erzählform. Die Erzählungen *„Herr Prochartschin" (1848)*, *„Polsunkow" (1848)* und *„Der ehrliche Dieb" (1848)* stellen die sozialpsychologischen Probleme des rechtlosen einfachen Mannes in der Petersburgergesellschaft dar. In seinen Arbeiten zeigt Dostojewski die Vorliebe für abnorme Charaktere, die nicht zu den Durchschnittstypen ihrer sozialen Schicht gehören. In seinem Werk *„Die Wirtin" (1848)* sucht Dostojewski seinen zukünftigen literarischen Schaffensprozeß. Er stellt das Petersburger Milieu mit komplizierten und psychologischen Charaktere dar.

Das *1860* erschienene Werk *„Netoschka Neswanowa"* schildert die Kindheit und Jugend der sensiblen Heldin.

Aus einer Desillusionierung entwickelt sich eine realistische Welthaltung der Romanfigur. In der „Ich" Form erzählt die Heldin rückblickend ihre Kindheit. In den Werken *„Weihnacht und Hochzeit" (1848) und „Der kleine Held" (1849)* wandte sich Dostojewski den psychischen Konflikten der Kindheit zu.
In den Jahren 1845 – 1849 entwickelte sich bei Dostojewski die Grundlage für seine späteren Werke. Die Figuren, die Themen und die Motive blieben in seinen Werken lebendig. [46] *„Psychologisch komplizierte Charaktere, unberechenbare leidenschaftliche Menschen, sprunghaft ablaufende Handlungen, phantastische Elemente im epischen Geschehen und originelle Erzähltechniken.."*[47] zeigte die künstlerische Handschrift Dostojewskis, die sich in den folgenden Werke weiter entwickelte.

Der gesellschaftliche Hintergrund in Dostojewskis Werk

Das Werk von Dostojewskis gehört zu den lebendigsten Leistungen der realistischen Literatur. Er ist zu einer der widerspruchvollsten Dichterpersönlichkeit in der Weltliteratur geworden.
In seiner Literatur kritisierte er die bürgerliche Gesellschaft. Das Leid des bedrängten und erniedrigten Individuums in antagonistischen Gesellschaft kommt in seiner Dichtung zur Geltung. Er war gegen die Unterdrückung und die Erniedrigung der Menschen durch die Menschen. Darin spiegelt sich seine Haltung zu der nahenden russischen Revolution. Er schildert in seinen Werken den Zerfall der feudalen Lebensverhältnisse. Ebenso wird die Unterwerfung der Werte durch den kommenden Kapitalismus in Russland

beschrieben.

Die sozialpsychologischen Situation / Zustände der damaligen Zeit hatten Auswirkungen auf das Verhalten des Einzelnen, der Familie und der Gesellschaft.

In seinem literarischen Werk wird eine Sehnsucht nach einem ehrlichen Leben des Menschen beschrieben. Er schildert den sozialkritischer Protest im Christentum und seiner Morallehre in den kleinbürgerlich-demokratischen Schichten des zaristischen Russlands. In seinem Schaffensprozeß kommt das Tiefe intellektuelle und psychologische Denken hervor.[48] Er schilderte darin den Niedergang und den Zerfallsprozeß der menschlichen Persönlichkeit in der bürgerlichen Gesellschaft. Ihn interessierten die Bedingungen der menschenunwürdigen Lebensrealität. Darin schilderte er die Auswirkungen auf das Bewußtsein und der Psyche des Individuums. In seinen Werken stellte er die psychischen Reaktionen des Menschen dar, deren sozialen Ursachen und psychischen Prozeße. In seinem literarischen Werk wird das menschliche im Menschen ergründet. Auf der psychischen Ebene werden die Menschen auf der Suche nach der Wahrheit des Lebens und nach dem Sinn der menschlichen Existenz beschrieben. In diesem Suchprozeß werden den Menschen die tiefen Abgründe zwischen Subjekt und der Welt bewusst. Die Kluft zwischen dem Individuum und der Gesellschaft wird ihnen bewusst.

Dostojewski interessierte sich für das soziale Umfeld der menschlichen Ereignisse und deren Schicksale, die den Menschen in diese tragische Situation bringen. Dabei beschrieb er die sozialen Zusammenhänge in der russischen Gesellschaft.[49]

Dostojewski beschreibt die Wirklichkeit des Menschen

und seinen Weg zur Einsicht und Selbsterkenntnis.
„Die Stimme des Autors wird zu einer Einzelstimme in der polyphonen, der vielstimmigen Welt der Dostojewskischen Romane. Bachtin hat die so strukturierten Romane Dostojewskis als polyphone Romane bezeichnet." [50]
Seit den frühen achtziger Jahren des vorigen Jahrhundert hat der Roman „Schuld und Sühne" einen weltweiten Einfluß auf die Literatur. *„Bürgerliche Kritiker sahen in Dostojewski vorwiegend den religiösen und mystischen Denker, dessen Schaffen vom Suchen nach Gott bestimmt wurde."* [51] Er wurde als sozialen Propheten, Sieger über sozialistische Ideen oder als Gestalter des Irrationalen beschrieben. Die bürgerliche Gesellschaft kritisierte den sozialkritischen Gehalt seiner Werke, seine Humanisierung und seine Abneigung zur bürgerlichen Gesellschaft. Die marxistisch-leninistische Literaturwissenschaft zählt ihn als Schriftsteller zum Realismus und zum Humanismus und nimmt ihn in ihr literarisches Erbe auf.

Der Roman „Schuld und Sühne"

Dieser Roman ist ein Gesellschaftsroman. Dem Dichter
bewegte das Verbrechen als philosophisches und
ethisches Problem. Es handelt sich um die Gestalt
eines stolzen Individualisten, eines Übermenschen.
Dieser ist im Namen von einer Idee entschlossen einen
Mord zu begehen.
Ein Junger Mann, Rodion Raskolnikow wird von der
Universität ausgeschlossen. Er ist ein Kleinbürger und
lebt in Armut. Um aus seiner Lage herauszukommen,
hat er einen Entschluß gefasst. Er ermordet eine Frau,
die für Geld Zinsen verlangt. Nach dem Mord bekommt
Raskolnikow vor Gott und dem Gesetzt Schuldgefühle.
Dies zwingt ihn, sich zu stellen und sich selbst
anzuzeigen. *„Der Verbrecher fasst selbst den
Entschluß, die Qualen auf sich zu nehmen, um seine
Tat zu sühnen."*[52] Auf das Bitten der sanften Sonja
Marmeladow, begeht der Verbrecher Raskolnikow
Buße und Reue.
Dostojewski schildert den psychologischen Prozeß
eines Verbrechers. Er beschreibt die psychologischen
und geistigen Verhaltensweisen vor, während und nach
der Tat. Die gesellschaftlichen Bedingungen, die das
Denken und das Verhalten des Mörders bewegen,
werden beschrieben. Damit werden die
psychologischen Motive und die gesellschaftlichen
Hintergründe erläutert. Der Roman „Schuld und Sühne"
besitzt philosophische, ethische, politische und
psychologische Fragestellungen. Er behandelt die
Probleme der russischen und europäischen
Gesellschaft jener Zeit, die in dem Kapitel „Der
Übermensch in Schuld und Sühne" näher erläutert
werden.

Die Tat von Radion Raskolnikow wird durch eine individualistisch-anarchistische Lebensphilosophie bestimmt. Es handelt sich dabei um das Recht der starken Persönlichkeit. Ihr werden alle Mittel zugebilligt, um dadurch gesellschaftlich Karriere zu machen. Raskolnikow lebt in den Elendsvierteln von St. Petersburg in Not. Er sieht, wer in der Welt zu Macht, Reichtum und Ansehen gekommen ist, der ist eine starke Persönlichkeit und hat dies durch Skrupellosigkeit erreicht. Um stark zu sein, begeht er einen Mord. Für ihn ist es ein moralisches Experiment, ob er dadurch auch zu den Auserwählten gehört. Aus seinen Gedanken und seiner Tat entwickelt sich ein subjektives Seelendrama.

Raskolnikow bezieht sich in seinen Gedanken auf die Gestalt von Napoleon. Napoleon verkörpert für Raskolnikow eine Persönlichkeit, die mehr wagt als andere Menschen. Diese Gestalt übergeht Gesetze und begeht Verbrechen. Raskolnikows Theorie ist die gedankliche Ausprägung des frühkapitalistischen Petersburg. Hier befinden sich Ansätze aus der Theorie des Übermenschen von Friedrich Nietzsche.[53]

In der Gestalt von Raskolnikow wird die verbrecherische Seite der bourgeoisen Individualismus dargestellt. Im Roman ist die Unzufriedenheit der ungerechten Klassengesellschaft, die Abneigung zur Aristokratie und den Großgrundbesitzern, den Unternehmern, Bankiers und Kapitalisten zu lesen. Es beschreibt den Umgang der herrschenden Klasse mit den einfachen Menschen. Ein Individualist versucht mit allen Mitteln sich durchzusetzen. Raskolnikows und Dostojewskis Gedanke ist nicht realisierbar, da er sich gegen die Menschen richtet. Raskolnikow tötet eine Pfandleiherin. Gleichzeitig stützt er ihre Schwester in

Not, die nun ihr Lebensunterhalt als Prostituierte verdient. Durch das individualistisch-egoistische Handeln des Hauptdarstellers zerstört er sein eigenes Leben und das Leben einer anderen Person. Er scheitert in seinem Handeln und an seiner Idee. In Raskolnikows Denken und Handeln spiegelt sich die soziale Ungerechtigkeit der Gesellschaft wieder. Es handelt sich um eine antikapitalistische Alternative und die Sehnsucht nach einem harmonischeren Leben, nach einer sozialen Gerechtigkeit. In seinem Verhalten spiegelt sich der innere Kampf und die Verzweiflung, um aus der eigenen Not herauszukommen. Einerseits möchte er am individualistischen Erfolg eines Napoleons teilhaben. Andererseits kommt in ihm das religiös-moralisch Gute des Menschen hervor. Raskolnikows Denken und Handeln spiegelt die Existenzprobleme des Menschen zu der damaligen Zeit. *„Es zielt auf die Herstellung von zwischenmenschlichen Beziehungen auf der ganzen Welt."*[54]

Dostojewskis Ansicht richtet sich gegen die Gesellschaft der russischen Demokratie.

Sonja Marmeladowa verkörpert die sittlichen Ideale des Menschen. Sie ist der Gegensatz von Raskolnikow. Sie ist gekennzeichnet durch ein verzeihendes und demütigendes Verhalten und einer menschlichen Seele. Marmeladowa stammt aus ärmlichen Verhältnissen und gehört zu den ausgestoßenen der Gesellschaft. Um zu überleben geht sie für ihre Familie als Prostituierte auf die Straße. Sie nimmt diese Selbsterniedrigung auf sich. Durch ihr christliches Wesen und ihrer Liebe zu Raskolnikow, rät sie ihm aus moralischen Gründen sich zu seiner Tat zu bekennen und sich der Polizei zu stellen. Sie verkörpert die

Leidenschaftsbereitschaft des entwurzelten Menschen. Sonja Marmeladowa ist für Dostojewski die Alternative zur materialistischen und humanistischen Menschenauffassung seiner revolutionär-demokratischen Zeitgenossen.[55]

Der sozialkritische Gehalt von „Schuld und Sühne" schildert die Ausweglosigkeit aus der sozialen Not, der Armut und der Verwahrlosung in den Petersburgern Elendsvierteln. Der moralische Zerfall innerhalb der bürgerlichen Gesellschaft wird durch die Romandarsteller deutlich. Sie werden nach ihrer sozialpsychologischen Klasse zugeordnet.

Raskolnikow wird mit anderen Personen dargestellt, die ähnliche Gedanken haben. Sie kommen aber aus anderen Klassen hervor. Es sind kleinbürgerliche Halsabschneider die ihre egoistischen Interessen wahren. Sie verkörpern die kranke russische Gesellschaft.

In diesem Werk wirken philosophische, ethische und psychologische Elemente zusammen, aus denen unterschiedliche Handlungen, Erlebnisse und Spannungen, entstehen.

Der Übermensch in „Schuld und Sühne"

Im Vordergrund des Romans handelt es sich um die Rebellion des Menschen gegen die göttliche und die weltliche Ordnung. Der Roman „Schuld und Sühne" thematisiert die Problematik von der Idee des „Übermenschen", personifiziert in der Gestalt des „Napoleon". Im Jahre 1865 erschien das Buch „Historie de Cesar" von Napoleon III. In dem Werk handelt es sich um das Schicksal des genialen Individuums. Dieses Individuum setzt sich an die Stelle Gottes und entscheidet über Leben und Tod seiner Mitbürger. In dem Roman wird die Überlegenheit von einzelnen Menschen thematisiert, die von Zeit zu Zeit in der Geschichte erscheinen und emporkommen und über die Gegenwart und über die Zukunft der anderen Menschen entscheiden. Wer diese Übermenschen nicht in ihrem Handeln und Wirken anerkennt und sich ihnen entgegenstellt wird selbst umkommen. Die Argumente des Autors Napoleons III. wurden von der damaligen Presse kritisiert. *„So gibt es eine Art Logik und eine Art Gesetze, nach denen man die Taten gewöhnlicher Menschen zu beurteilen hat und eine andere Logik und andere Gesetze, nach denen man universelle Genies, Helden, Halbgötter beurteilen will...Wenn aber die großen Genies der Geschichte nicht den gewöhnlichen Gesetzen unterliegen, wenn die Gesetze der gewöhnlichen Logik auf sie nicht anzuwenden sind, dann stellt sich die Frage, wie soll man solche Persönlichkeiten erkennen?"*[56] Dostojewski behandelt diese Thematik in seinem Roman „Schuld und Sühne", welche den gesellschaftlichen Hintergrund des zaristischen Russland wieder spiegelt. Der Zar Alexander II setzte im Jahr 1860 Reformen zur Leibeigenschaft, des Justizwesens und der Selbstverwaltung in den ländlichen Provinzen Russlands um. Trotz der Reformen kam es zu Unruhen im Land und im Frühsommer des Jahres 1862 brannten die Vorstädte von St. Petersburg. Die Studenten forderten die Befreiung und die Unabhängigkeit des Individuums und des menschlichen Denkens von verschiedenen religiösen, moralischen und familiären Fesseln und Vorurteilen. [57] Die alten gesellschaftlichen Strukturen sollten durch eine neue gesellschaftliche Ordnung geändert werden. Diese neue gesellschaftliche Ordnung soll nach den Grundsätzen des Utilitarismus und des Egoismus gestaltet sein.

Wie Raskolnikow war Dostojewski ein überzeugter Rebell gegen die damalige unmoralische gesellschaftliche Ordnung. Im Jahr 1848 wurde Dostojewski Mitglied einer Geheimorganisation. Diese Geheimorganisation hatte das Ziel, das zaristische Regime zu stürzen und eine neue sozialistische Gesellschaftsordnung auf zubauen. Wegen der Mitgliedschaft zu dieser Geheimgesellschaft wurde Dostojewski für vier Jahre Zwangsarbeit nach Sibirien deportiert und musste anschließend vier Jahre in der russischen Armee dienen.

Als Dostojewski 1860 nach St. Petersburg zurückkehrte, war er für die russische Monarchie, die christliche Moral und für die Einheit von Adel und Volk. Er lehnte die westlichen Einflüße, zu denen der Liberalismus und die bürgerlich-kapitalistische Wirtschaftsordnung gehörten, ab. In seinem literarischen Schaffen nahm er den Kampf gegen die radikalen linken Ideologien auf. Raskolnikow kann hier für eine Fortsetzung des namenlosen Helden aus dem

Untergrund stehen.[58]

Dostojewski selbst lebte und erlebte in den Jahren um 1866, angesichts des um ihn vorhandenen Luxus, den Hunger, die Erniedrigung und die Isolation von der Gesellschaft.

In der gleichen Situation erlebt und lebt Raskolnikow sein gesellschaftliches Leben, das sich im Roman wieder spiegelt. In seinen Vorstudien zum Roman „Schuld und Sühne" wird die Maßlosigkeit und die Verachtung gegenüber der Gesellschaft geschildert.

„Seine Idee: die Macht über die Gesellschaft zu ergreifen. Despotismus, das ist sein Charakterzug."[59]

Es ist eine Reaktion auf seine gesellschaftliche Situation.

Dostojewski kannte die französische Literatur und deren Autoren gut, zu denen z.B. Victor Hugo oder Honora de Balzac gehören. In Victor Hugos Romanen realisieren die Helden „Claude Gueux" und „Jean Valjean" ihre gute Taten durch Verbrechen. In Balzacs „Vautrin" und Butwler-Lyttons „Eugene Aram" verhilft ihnen der Mord zur Gerechtigkeit und zum Sieg. Das dahinter stehende Prinzip ist der Grundsatz des Utilitarismus, dass das Ziel die Mittel heiligt und rechtfertige. Dazu gehört der geschichtliche Hintergrund von Hegels „welthistorischen Individuen". Es sind Personen wie Garibaldi in Italien oder Wellington in England, starke Individuen, die zu Helden erkoren werden.

Bei Alexander Puschkin ist der Held Hermann in „Pique Dame" eine willenstarke und individuelle Persönlichkeit. Er bezwingt sein Glück mit allen Mitteln, selbst mit einem Verbrechen. Puschkin hat ihn mit Napoleon verglichen. Die Bedeutung dieser Figur war Puschkin bewusst: *„Wir alle sehen wie Napoleon aus: Millionen zweibeiniger Geschöpfe sind für uns bloß Werkzeug."*[60] Porfiri Petrowitsch beschrieb den gleichen Gedanken: *„Wer bei uns in Russland betrachtet sich nicht als Napoleon."*[61]

Dargestellt und analysiert werden im Roman von „Schuld und Sühne" die inneren Erkenntnisprozeße eines Täters nach seiner vollbrachten Tat und seines Verlangen nach Strafe. Das Interesse am Mord und am Verbrecher entstand durch die eigenwillige und sittliche Idee im Menschen, die durch das verbrecherische Handeln in Erscheinung trat. Es handelt sich um ein Verbrechen, das ein Symptom einer Erkrankung oder sich als eine Generationenkrise erwies.

Hinter dem Mord steht eine psychologische, philosophische und zeitgeschichtliche Problematik. Der Mord bedeutet das moralische Übertreten einer gesellschaftlichen Norm. Aus dieser Handlung und aus dieser Welt des Verbrechens gibt es kein zurück zur gesellschaftlichen Wirklichkeit. In dieser isolierten Wirklichkeit erlebt Raskolnikow wie das Böse wieder Böses erschafft. Umgekehrt erweisen sich die humanitären Pläne Raskolnikows, z.B. wie aus dem geraubten Reichtum der ermordeten Wucherin, nicht nur als einen Vorteil für die eigene Situation, sondern wie damit auch der Gesellschaft zu helfen ist.

Dostojewski schreibt selbst in einem Brief an seinen Verleger, *„der psychologische Bericht eines Verbrechens"* bzw. *„der psychologische Prozeß des Verbrechens", der den Verbrecher letztlich dazu führt, dass der aus eigenem Antrieb beschließt, Leid auf sich zu nehmen, um seine Tat zu sühnen."*[62] Es handelt sich dabei um eine begründete Notwendigkeit der Strafe und als eine Forderung für die Seele.

Der Mord als eine Handlung eines Verbrechens wird von Dostojewski mit folgenden Gedanken erläutert. Er bezieht sich in seinem Roman „Schuld und Sühne" auf das Buch von Napoleon III. Darin wird die Menschheit in zwei Gruppen unterteilt. Die eine Gruppe von Menschen ist zu schwach, um aus eigenen Willen sich selbst zu verwirklichen. Die andere Gruppe von Menschen sind die „historischen Individuen", die die Fähigkeit besitzen und das moralische Recht sich nehmen, sich über die gesellschaftlichen Normen zu übertreten. Hinter diesem Gedanken steht die philosophische Grundfrage, ob der starke Mensch das Recht habe, über die anderen Menschen zu herrschen und zu richten. Hier wird die utilitaristische Grundfrage und Zielvorstellung gestellt, mit welchem Recht der Einzelne sein Handeln über die anderen rechtfertigt. Hier findet eine Gegenüberstellung zwischen dem genialen Individuum und der gesellschaftlichen Masse statt. Anders formuliert: *„Kann die gesellschaftliche Situation für das Verbrechen eines Individuum haftbar gemacht werden, oder liegt die Verantwortung letztlich allein beim Individuum?"*[63]

Dabei stellt sich die nächste Frage, ob der Mensch ein ethisch bestimmtes Wesen ist oder von der Natur aus böse und ohne Moral ist. Sind die bösen oder unmenschlichen Handlungen des Menschen nur durch die gesellschaftliche Norm und Moral verdeckt ? Herrscht in der Welt Harmonie oder Chaos ? Raskolnikow kommt zu dem Schluß, dass die Welt chaotisch ist und der Mensch ist dem Schicksal der Welt ausgeliefert. Er akzeptiert, dass das Böse ein Gesetzt der Welt ist und er Böses tut, um das Allgemeinwohl zu fördern. Damit kommt Raskolnikow in einen Gewissenskonflikt mit seiner menschlichen

Natur, seiner Tat und seiner Handlung.

Die Natur des Menschen kann als ein kollektives Bewußtsein der Gesellschaft verstanden werden, das sich in jedem Menschen befindet. Es hält die moralischen Normen im Einklang mit dem Menschen und der Menschheit, die der einzelne Mensch über die Jahrhunderte erworben hat. In der christlichen Auffassung handelt es sich hier um das göttliche Moralgesetzt, das Gewissen in der Seele des Menschen vor Gott.

In der napoleonischen Idee sieht sich Raskolnikow verwirklicht. Er sieht sich als einer jener Individuen an, welche die Vernunft und die Willenskraft besitzen, die moralischen Normen, die auch für den Normalmenschen gelten, zu überschreiten, auch dann, wenn er Blut vergießt.

Fühlt sich ein wahrer Verbrecher in seinen Motiven wie ein Napoleon, ist er gezwungen, sich die folgende Frage zustellen. Darf ein Individuum, das sich wie Napoleon fühlt, moralische Normen überschreiten oder ist der Einzelne ein Mensch wie jeder andere und muß sich nach den gesellschaftlichen Normen orientieren ? Der Mord des Raskolnikow ist ein Test an der eigenen Person. In seinem Verbrechen und in seiner Handlung kommt das rebellierende, stolze, machthungrige Individuum zum Ausdruck, das sich gegen die göttliche und menschliche Ordnung wehrt. Raskolnikow verkörpert den Stolz, der zur Rebellion gegen den Staat und Gott führt.

In der Person Raskolnikow wird die napoleonische Idee dargestellt. Es handelt sich dabei um die historisch begründete Tat eines Individuums, das sich nicht an die gesellschaftlichen Normen gebunden fühlt. Als autonom handelndes Individuum stellt der Mord oder

das Verbrechen einen Test der eigenen Person dar.
Das Verbrechen enthüllt und schildert die Ursache
eines intelligenten und bewusst lebenden Menschen,
der eine Tat durchführt hat.
In „Schuld und Sühne" wird das kapitalistische
Wirtschaftssystem des damaligen zaristischen Rußland
kritisiert und seine verantwortliche soziale Misere, die
einen Menschen zu einem Verbrechen verleitet.

Der Romantypus bei Dostojewski

Die traditionellen Romane zu der Zeit von Dostojewski
sind in einem „monologischen" oder „homophonen"
Romantypus geschrieben.
Im Gegensatz dazu sind Dostojewskis Romantexte in
einer „polyphonen" Art und Weise geschrieben. In
diesem Romantypus sind seine Personen nicht mehr
Objekte eines Autorenbewusstseins. Seine Personen
sind autonome Bewußtsseinsobjekte, die ein eigenes
Bewusstsein haben und vom Autorenbewusstsein als
unabhängig fremd gegenüberstehen.
*„Der Held Dostojeskis ist nicht mehr austauschbarer
Träger, sondern vielmehr Verkörperung einer
bestimmten Auffassung von Welt."*[64] In seinem
künstlerischen Schaffen existieren Ideen nur als der
von Fremden, die nicht bewertet werden. Die Ideen
sind dialogisch miteinander und konkurrierend
dargestellt.
In den meisten Partien des Romans erzählt
Raskolnikow das Geschehen. Es handelt sich um einen
inneren Monolog. Die Komposition des Romans ist
stark dramatisch, wie es schon aus dem Titel zu
erlesen ist. *„Das Prinzip der Antinomie bestimmt die
gesamte philosophisch-ethische Problematik des*

Werkes (Amoral – ethisch motiviertes Verhalten), die Gruppierung der Hauptfiguren (Raskolnikow – Sonja) sowie die Struktur der Handlung (Illusion – Realität).[65] Der Roman ist durchgehend dialogisiert. Aus dieser Dialogisierung hat Dostojewski einen neuen Romantypus entwickelt, den polyphonen Roman. Die Personen sind Träger von Ideen, die eine bestimmte Auffassung von der Welt verkörpern. Dialogisch sind die konkurrierenden Personen miteinander verbunden. Durch die Analyse der wechselseitigen Beziehungen der Personen werden ihre Positionen im Text dargestellt. Aus der Polyphonie der Ideen, der Stimmen, den Gesamtsinn und die darin enthaltene auktoriale Intention, wird die Stimme des Autors erschlossen.[66]

Dostojewskis Wertelehre

Dostojewski schildert in seinem Roman „Schuld und Sühne" einen konflikthaften Prozeß, der sich in allen feudalen und industriell-kapitalistischen Gesellschaften sich entwickelte. Sowohl in der feudalen, als auch in der industriellen Gesellschaft, gab bzw. gibt es eine zwei Klassengesellschaft.
In der Feudalgesellschaft herrschte der Adel über den Leibeigenen und in der kapitalistischen Gesellschaft herrscht der Kapitalist bzw. der Unternehmer über den Arbeiter.
Durch den Wechsel von der feudalen zur Kapitalistischen Gesellschaft änderte sich der Zustand für den Arbeiter und seiner Familie aus der Unterschicht nicht. In der Unterschicht wechselte der leibeigene Bauer zum abhängigen, ausgebeuteten und unterdrückten Arbeiter durch den Kapitalisten. Der

62

unterdrückte Bauer wechselte vom Adel zum unterdrückten Unternehmer. Der Zustand der Unterdrückung des Menschen durch den Menschen blieb bestehen. Es änderte sich nur die gesellschaftliche Ordnung und Struktur, da der Adel durch den Unternehmer ersetzt wurde. Die Not, das Elend und die Situation der arbeitenden Schicht blieb bestehen. In dieser gesellschaftlichen Veränderung änderte sich nur der Unterdrücker. Die Ausbeutung und die Unterdrückung der arbeitenden Schicht blieb bestehen und wurde durch eine andere Form ersetzt. Aus dieser Situation, Notlage bzw. Elend kommen die notleidenden Menschen aus der Unterschicht nicht heraus. Die eine gesellschaftliche Ordnung wurde durch eine andere ersetzt. In dieser Gesellschaft gab es keine Verbesserung für die Mehrheit der notleidenden russischen Bevölkerung. Die Not und das Elend blieb für die Arbeiter und deren Familien bestehen. In dieser Gesellschaft gab es zwei unterschiedliche Bevölkerungsgruppen mit zwei unterschiedlichen Moral- und Wertvorstellungen.
Auf der einen Seite der Gesellschaft befindet sich die breite Masse der armen arbeitenden und unterdrückten Bevölkerung, die das Elend und das Leid auf sich nehmen. Ihr Moral und Wertevorstellung basiert auf den christlich-religiösen Glaubenshintergrund der orthodoxen Kirche. Sie nehmen die persönliche Erniedrigung und Ausbeutung auf sich und handeln nach einem christlich-religiösen Maßstab. Dabei handelt es sich um eine Selbstgenügsamkeit im menschlichen Verhalten und Handeln des Individuum, das aufgrund seines Glaubenshintergrundes aus ihrer Notsituation eine Tugend macht. Der erniedrigte Mensch erkennt und sieht seine Lage. Gleichzeitig

erkennt er in dieser Situation seine Ausweglosigkeit in einer feudal und kapitalistisch geprägten Gesellschaftsordnung. Sein Handeln und sein Verhalten dargestellt an der Romanfigur der Sonja Marmeladow, passt sich der ausweglosen gesellschaftlichen Situation an und versucht daraus noch ein für sich lebenswertes Leben zu gestalten. Auf der anderen Seite der russischen Gesellschaft befindet sich eine Minderheit von Feudalherren und Unternehmern. Ihr Verhalten und ihr Handeln ist durch Egoismus, Utilitarismus und Skrupellosigkeit gekennzeichnet. Um an Reichtum und an Macht zu gelangen, ist ihnen jedes Mittel recht. Darin zeigt sich ein Verhalten gegenüber der handlungsunfähigen Mehrheit der russischen Bevölkerung. Ihr Handeln orientiert sich dabei nicht an christlich-religiösen Moral- und Wertvorstellungen. Das Handeln des Kapitalisten ist durch andere Verhaltensmerkmale gekennzeichnet. Es handelt sich um einzelne Individuen, die sich um das Recht, die Moral und die Norm der anderen hinwegsetzen, es nicht beachten. In ihrem Handeln orientieren sie sich nicht nach der notleidenden breiten Masse, sondern nach ihren eigenen individuellen Ideen und Maximen. Sie erreichen ihr Ziel, indem sie sich über die breite Masse hinwegsetzten und sich nicht um sie kümmern. Sie selbst, der einzelne Unternehmer stehen mit ihren individuellen Interessen im Vordergrund. Jeder einzelne Unternehmer kann zu einem Übermenschen werden. Sein eigenes Interesse und sein Ziel steht im Vordergrund, das es gilt zu verwirklichen. Die Mittel der Zielerreichung können dabei vielfältiger Art sein. Dazu können Verhaltensweisen wie Egoismus, Skrupellosigkeit, Utilitarismus, Ausbeutung, Unterdrückung, Betrug,

Macht, Mord oder das eigene Recht über den anderen sein. Da jeder einzelne Kapitalist zum Übermenschen werden kann, gilt für ihn ein anderes Moral- und Wertesystem. Mit diesem anderen Moral- und Wertesystem ist es möglich seine individuellen Ziele zu erreichen und um zusetzten. Die christlich-religiösen oder humanen Moral- und Wertvorstellungen im Umgang mit den anderen Menschen gehen dabei verloren oder sind bei der Umsetzung ihrer individuellen Ziele störend oder nicht relevant. Der Zweck heiligt die Mittel, nur dadurch können sie ihr Ziel verwirklichen. Was zählt ist der maximale Gewinn bei gleichzeitiger Ausbeutung und Unterdrückung des anderen Menschen.

Dass die Auswirkungen der Ausbeutung und der Unterdrückung des Menschen durch den Menschen Folgen hat, zeigt nicht nur das Handeln und das Verhalten des Hauptdarstellers Radion Raskolnikow in Dostojewskis Werk „Schuld und Sühne". Die Unterdrückung und die Ausbeutung des Einzelnen oder von einer breiten Masse von Menschen hat Folgen. Die Folgen solcher Handlungen äußern sich im Wohlbefinden der einzelnen Seele eines jeden Individuums und das der breiten Masse in der Gesellschaft. Im gesellschaftlichen Vergleich mit anderen Schichten wird dem Einzelnen seine individuelle und seine gesellschaftliche Lage und seine Situation bewusst. Um seine Lage und seine Situation zu verändern, kann auch der Unterdrückte und der Ausgebeutete zu Mitteln und Maßnahmen greifen, die der reiche und mächtige Kapitalist in Anspruch genommen hat. Im unterdrückten Individuum entwickeln sich Verhaltensweisen, die im starken Übermenschen wieder zu finden sind. Das erniedrigte und unterdrückte Individuum besitzt nicht die gleichen Mittel, Voraussetzungen und Bedingungen die der Unternehmer besitzt, um an sein Ziel zu kommen. Um an sein Ziel zu kommen, setzt und besitzt der Übermensch alle Mittel ein, die ihm zur Verfügung stehen. Das unterdrückte Individuum kann seine Ziele nicht mit den gleichen Mitteln umsetzen, über die der Übermensch verfügt und besitzt. Er muß zu anderen Mittel greifen, die ihm zur Verfügung stehen, auch wenn es der Mord, der Einbruch oder die direkte und offen geführte Gewalt ist. Im Gegensatz zum Übermenschen besitzt und verfügt das unterdrückte Individuum durch die christlich-religiösen und humanen Werte, ein moralisches Gewissen, das ihm beim erreichen seiner Ziele behindert. Er kommt dann in einen Gewissenskonflikt mit sich selbst, seinem Glauben vor Gott und der Welt und der Wertschätzung und der Achtung vor dem Leben gegenüber seinen Mitmenschen, mit denen er zusammen lebt. In diesem Gewissenskonflikt zeigt sich das Scheitern eines nicht geschichtlich auserkorenen Übermenschen bzw. des unterdrückten Menschen, der mit menschlichen Normen und Werten aufgewachsen ist.

Ein geschichtlich auserwählter Übermensch, wie er auf den obigen Seiten beschrieben ist, handelt und äußert sich in seinem Verhalten anders. Wer mit diesen christlich-religiösen oder humanen Normen und Wertevorstellungen nicht aufgewachsen ist, kommt in keinen Gewissenskonflikt. Dieser Mensch hat keine Achtung und keinen Respekt vor dem anderen Menschen und seinem Anspruch und das Recht auf das irdische Leben. Er kann oder will sich nicht in den anderen hineinversetzen, in dessen Gefühle, seine Gedanke oder seine notleidende Situation, in der er lebt. Ihm fehlt der Perspektivenwechsel für den anderen Menschen. Dem Übermenschen ist seine Vorstellung und seine zu erreichende Maxime das wichtigste, die es zu verwirklichen gilt.

Der Kapitalist besitzt und verfügt auch über das moralische Gewissen und über die Werte. Aber er handelt nach anderen Kriterien, nach anderen Maximen, aus einer anderen Sichtweise und Perspektive, um sein Ziel zu erreichen und zu verwirklichen. Der Unternehmer sieht die Welt aus einer andere Sicht und aus einer anderen Perspektive. Er sieht die Welt nicht aus der Perspektive des erniedrigten, unterdrückten und ausgebeuteten arbeitenden Menschen, der in Elend und Not lebt und um seine Existenz kämpft. Der Kapitalist muß nicht um seine Existenz kämpfen. Seine Existenz für das eigene Leben und das seiner Familie ist gesichert. Sein Kampf handelt um das Aufrechterhalten und das Weiterbestehen und um den Wachstum seines Kapitals und seines Vermögens. Um das Fortbestehen und Anwachsen seines Vermögen und Unternehmens zu sichern und zu vermehren, sieht er die Perspektive der Unterschicht nicht. Seine Perspektive ist das Vermehren und das Anwachsen seines Vermögens, dass er in sein Unternehmen investiert hat.

Der geschichtlich erkorene Übermensch hat eine andere Vorstellung und eine andere Maxime von sich und der Welt, die mit der unterdrückten und arbeitenden Menschheit nicht übereinstimmt. Seine Perspektive über die Ansicht der Welt und das Erreichen seiner Vorstellung entsprechen übergeordneten Zielen. Diese Ziele gehen über die Gesellschaft und der Welt und über das Leben des Einzelnen weit hinaus. Er handelt im Auftrag einer Idee, einer Vorstellung, einer Maxime, die zu erreichen für ihn das wichtigste ist.[67] Der Einzelne und seine Familie in der Gesellschaft ist für den Übermenschen auch nur ein Mittel zum Zweck, um seine maximalen Vorstellungen in der Gesellschaft und in der Welt zu vervollständigen und zu verwirklichen.

Auch seine Existenz ist gesichert und er muß sich nicht um sein Leben kümmern. In seinem Handeln und in seinem Verhalten ist das Scheitern mit eingeplant und einkalkuliert. Scheitert der Übermensch bei der Durchführung seines Ziels, so scheitert auch seine Vorstellung, seine Maxime und seine Idee. Beim Scheitern seiner Vorstellung und Ausführung seines maximalen Ziels ist der Auftrag seiner „göttlichen Mission" zu Ende. Der Übermensch ist selbst als eine Person aufzufassen, die als ein Mittel zum Zweck fungiert, um in der Gesellschaft und in der Welt die Vorstellungen, die Maximen und Ideen einer übergeordneten Person oder einer Institution aus zu führen.

Wenn der Übermensch selbst als eine ausführende Person einer noch höheren Person oder als von einer höheren Institution betrachtet wird, müßen oder brauchen die Gefühle, die Emotionen, die Empathie oder das Verstehen von anderen Menschen oder Individuen in der Gesellschaft oder in der Welt nicht beachtet oder betrachtet werden. In diesem Moment können Skrupellosigkeit, Egoismus, Utilitarismus, Unterdrückung oder Ausbeutung legitime Verhaltensweisen des Übermenschen sein, um sein Ziel zu verwirklichen und zu erreichen.[68]

In Dostojewskis Wertelehre kommt zum Ausdruck, dass der unterdrückte und erniedrigte Mensch, trotz seines

Elends und seiner Not, über ein moralisches Gewissen und über christlich-religiöse und humane Werte besitzt und verfügt, die ihn in seinem menschlichen Handeln und Verhalten in der Welt und in der Gesellschaft leiten. Der Unternehmer und der Übermensch Handeln, Verhalten und Entscheiden sich in der Gesellschaft und in der Welt nach anderen Kriterien und Maßstäben als der unterdrückte Mensch. Sie verfolgen andere Ziele, andere Vorstellungen und andere Maximen als das unterdrückte Individuum. Ihr Handeln, Verhandeln und entscheiden ist gesamtgesellschaftlich ausgerichtet. Sie agieren nicht auf der Mikroebene der Gesellschaft wie das unterdrückte Individuum, sondern sie agieren auf der Makroebene der Gesellschaft. In ihrem Handeln und Entscheiden spiegelt sich eine andere Perspektive der Gesellschaft und der Weltsicht wieder. Sie richten in ihrem Handeln und Entscheiden diese anderen Ziele, Vorstellungen und Maximen auf andere Adressaten aus, als das unterdrückte Individuum. Weil sie es sich in ihren Zielen und in ihren Maximen an andere Adressaten richten, Handeln und Entscheiden sie sich auch anders als die unterdrückten Individuen. In diesem Handeln und Entscheiden spiegelt sich eine andere Form von christlich-religiösen und humanen Moral- und Wertvorstellungen wieder.

Der Roman „Der Idiot"

Dieser Roman entstand in einer harten Auseinandersetzung um die Perspektive Russland und um das russische Menschenbild in der Öffentlichkeit. In diesem Roman ging es Dostojewski zentral um die Vorstellung einer idealen menschlichen Persönlichkeit. Die Romanfigur gibt eine polemische Antwort auf die Menschenauffassung, ebenso auf das revolutionär-demokratische und liberale Lager seiner Zeit. Es ist die Idee eines vollkommenen Menschen darzustellen. Die Darstellung eines idealen und schönen Menschen endet immer mit einer Kapitulation. Das Schöne ist ein Ideal. Die Ideale werden weder von jedem Einzelnen, noch wurde es vom zivilisierten Europa erarbeitet. Der wirklich schöne Mensch in Dostojewskis Roman *„Der Idiot"* ist der Fürst Lew Nikolajewitsch. Er führt das Leben eines guten Menschen und er verkörpert das menschliche Ideal. Die Romanfigur Myschkin tritt als ein religiös-moralphilosophischer Mensch auf. Er ist in seinem Verhalten mit grenzenloser Liebe und verzeihendem Gefühl gekennzeichnet. Myschkin möchte alle Menschen miteinander versöhnen. Der sich auflösenden Gesellschaft stellt er die Idee der Eintracht entgegen. Die Stände sollen sich vereinen, während dessen in der Gesellschaft die sozialen Gruppen gegeneinander kämpfen. Myschkin verkörpert den selbstlosen und moralischen Menschenfreund der christlichen Gerechtigkeit. In seiner Natürlichkeit, Unschuld und Güte symbolisiert er eine Figur mit vorbildlich und menschlichen Verhalten. Er zeigt ein Verhalten der sittlichen Norm gegenüber der kranken Gesellschaft. Myschkin sieht sich einer Gesellschaft gegenüber, die ihn als ein Fremdling betrachtet und

verspottet. Er bleibt ein „Idiot" der kläglich scheitert. *„Das totale Scheitern seines idealen Menschen macht Dostojewski dadurch sinnfällig, dass Myschkin als unheilbar Wahnsinniger den Schauplatz der Romangeschehnisse verlässt."*[69] Dostojewski skizziert hier das Urteil einer Unrealisierbarkeit seiner gesellschaftlichen und moralphilosophischen Version. Die Grundlage des Romans ist die Beziehung zwischen Myschkin und der Frau Nastasja Filippowna. In der tragischen Lebensgeschichte kommt der damalige sozialkritische Gehalt des Romans zum Ausdruck. In ihrer Liebe schwankt Nastasja Filippowna hin und her zwischen Myschkin und dem Kaufmann Rogoshin. Myschkin symbolisiert das moralische im Menschen und Rogoshin die zerstörerische Natur, die triebhafte Sinnlichkeit. Für eine Ehe mit Myschkin ist sie sich nicht würdig. Eine Ehe mit Rogoshin ist für sie eine Selbsterniedrigung. Hin und her gerissen geht Nastasja Filippowna an der ohnmächtigen Empörung und der zerstörerisch-moralischen Selbstkasteiung zugrunde. *„Das tragische Ende dieser kraftvollen Persönlichkeit zeigt sie als Opfer der Aristokratie, die das Gute im Menschen abtötet und sie in den Tod treibt."*[70] Das Leitmotiv des Romans ist der Untergang des Schönen in der aristokratisch-bürgerlichen Gesellschaft. In einer mit Geld und Betrug regierten Gesellschaft kann sich das Schöne und das Ideale nicht behaupten. In der Gestalt der Nastasja Filippowna empört sich das untergehende Schöne. Der Stellenwert des Geldes in der Gesellschaft zerstört das Ideale.
In dem Roman „Der Idiot" sind fatalistisch-pessimistische Tendenzen vorhanden. Es handelt sich um einen Bruch in den fortschreitenden Kräften in der russischen Gesellschaft und der idealisierten

Geschichtsauffassung. Im Roman ist eine antikapitalistische Haltung dargestellt. Es wird im Roman die Tragödie einsamer Individuen realisiert, die an der Macht gegen das Geld scheitern.

In „Schuld und Sühne" schildert Dostojewski einen Humanismus und die Vision von einer harmonischen und schönen Welt.

Dieses Ideal ist für Dostojewski der positive Aspekt und die Alternative zur antikapitalistischen Gesellschaft. In seinem Werk *„Der Idiot"* schildert Dostojewski die Petersburger Verhältnisse in der frühkapitalistischen Gesellschaft. Die Auswirkungen der frühkapitalistischen Gesellschaft zerstörten weite Kreise der Gesellschaft und viele Familien. Im Roman *„Der Idiot"* wird die zwiespältige Gesellschaft deutlich. Es handelt sich um eine Kritik an der feudal-bürgerlichen Gesellschaft und um eine ablehnende Haltung gegenüber der Revolution. Es werden Charaktergestalten von Individuen gezeigt, die selbstquälerisch versuchen, sich über ihr Dasein klar zu werden und dies zu suchen.

Das Zentralthema ist der Untergang des Schönen und des Guten im Menschen in einer merkantilen bürgerlichen Gesellschaft. Das tragische Schicksal des Individuums wird in dem Roman dargestellt.

Pierre Bourdieu

Die Bedeutung des Habitus-Begriff in seinem Werk

Inhaltsverzeichnis:

Das ökonomische, kulturelle und soziale Kapital

Die drei kulturellen Kapitalformen

Der soziale Raum, der Klassengeschmack und die Klassendistinktion

Die Bedeutung des Habitus-Begriff

Die Biographie von Pierre Bourdieu

Pierre Bourdieu wurde 1930 in Denguin, in Südwest Frankreich, als Sohn eines Postangestellten geboren. In der Dorfschule und im Gymnasium in Rau fiel er mit herausragenden Schulleistungen auf. In Paris besuchte er das Gymnasium *Louis le Grand*, das eine Vorbereitung für den Eintritt in die *Ecole Normale Superieure*, die französische Elite-Hochschule der Lehrerausbildung war, in die er 1950 aufgenommen wurde.

Mit herausragenden Leistungen und als bester seines Jahrgangs schloß er 1955 sein Philosophiestudium ab. Von 1955 bis 1957 war Bourdieu als Gymnasiallehrer tätig.

In der Zeit von 1958 bis 1960 qualifizierte er sich als Assistent bei der *Faculte des Lettres* in Algerien in ethnologische Forschungen. An der dortigen Fakultät beschäftigte er sich mit Methoden der soziologischen Forschung. In Algerien führte er intensive Feldforschungen an den kabylischen Bauern durch. Er fotografierte, führte Interviews, Expertengespräche, statistische Erhebungen und teilnehmende Beobachtungen durch. In der autodidaktischen Praxis der empirischen Forschung bildete sich sein scharfer Blick für die sozialen Verhältnisse. 1961 kehrte er nach Frankreich zurück, unterrichtete an der *Sorbonne* in Paris und an der Universität in Lille. Seit 1964 war Bourdieu an der *Ecole Pratiquedes Hautes Etudes* als Professor für Kultursoziologie angestellt. Bourdieus Arbeiten wurden kontrovers diskutiert. Ende der 70er Jahre wurde er als Erneuerer der Soziologie und als herausragender Wissenschaftler anerkannt. 1981 wurde er an das *College de France* für den Lehrstuhl für Soziologie berufen. Pierre Bourdieu war verheiratet und hatte drei Söhne. Er starb am 23.01.2002 in Paris.

Zu seinen Werken gehören unter anderem die folgenden Publikationen:

- Entwurf einer Theorie der Praxis auf der Grundlage der kabylischen Gesellschaft. 1972
- Ökonomisches Kapital, kulturelles Kapital, soziales Kapital. 1983
- Sozialer Raum und Klasen. Zwei Vorlesungen. 1985
- Die feinen Unterschiede. Kritik der gesellschaftlichen Urteilskraft. 1979
- Sozialer Sinn. Kritik der theoretischen Vernunft. 1980.
- Die verborgenen Mechanismen der Macht. Schriften zur Politik und Kultur 1. 1992
- Das Elend der Welt. Zeugnisse und Diagnosen alltäglichen Leidens an der Gesellschaft. 1993.[71]

Bourdieus Laufbahn und theoretischer Hintergrund

Seine wissenschaftliche Laufbahn begann er als Ethnologe und setzte sich mit soziologischen und philosophischen Klassikern auseinander. Dazu gehörten Karl Marx, Max Weber, Emile Durkheim, Edmund Husserl, Ludwig Wittgenstein, Claude Levi-Strauss, dem Begründer des Strukturalismus, Jean Piaget und Jean-Paul Sartre.
In seinen ethnologischen Forschungen zur Symbolstruktur, zum Alltagsleben und den sozialen Räumen der Kabylen setze sich Bourdieu mit dem Strukturalismus von Claude Levi-Straus auseinander und grenzte sich später davon ab. Bourdieu wechselte zu einem *„soziologischen Strukturalismus, der dem Zusammenhang zwischen der Struktur der*

79

symbolischen Systeme und den gesellschaftlichen Strukturen nachgeht. ... Die Gesellschaft ist zwangsweise symbolisch, weil die Menschen verschieden sind."[72] Den Strukturalismus bezeichnete er als Objektivismus, da in der Sozialforschung nur die objektiven Strukturen einer Gesellschaft messbar sind, wie Scheidungsraten, Museumsbesuche etc. Die vorhandenen gesellschaftlichen Strukturen entstehen durch handelnde Individuen, die selbst Strukturen ausmachen und aufrecht erhalten. Der Subjektivismus, Phänomenologie (Schütz) und die Ethnomethodologie (Garfinkel) war für ihn unzureichend und voreingenommen, weil sie das Alltagswissen abstrahierte.

Ausgangspunkt der sozialen Erkenntnis war für ihn das Wissen der sozialen Akteure. *„Der praktische Sinn ist die Schaltstelle zwischen Wissen und praktischen Handeln.*"[73] Es ist das sozial-praktische Bewusstsein der Individuen, deren Wahrnehmung der sozialen Welt auf einer subjektiven und objektiven Ebene basiert. Neben der Rekonstruktion der objektiven Beziehungen in der Welt, existiert eine subjektive Erfahrung und Orientierung der Akteure, die Gegenstand der Forschung ist. Als die begrenzte Entfaltungsmöglichkeit der Individuen verwendete Bourdieu den Habitus.

Die ethnologische Feldforschung in Algerien

Aus seiner ethnologischen Feldforschung und seiner autodidaktischen Aneignung von soziologischer Theorie und Methode, sammelte Bourdieu in Algerien Erfahrungen, aus der er das Habitus-Konzept erarbeitete. Algerien und die dort lebenden kabylischen Bauern befanden sich in den 50-Jahren in einer vorkapitalistischen Welt. Die Kolonialisierung Zwang sie nach ökonomisch-rationalen Vorstellungen zu Handeln. Bourdieu beobachtete an den kabylischen Bauern, dass sie über ökonomische Verhaltensweisen nicht verfügten. Bei der Untersuchung dieser Bauern erkannte er zwei falsche Denkmodelle des homo oekonomicus.

1. Das Moderne wirtschaftliche Handeln findet in einem ökonomischen Feld statt, dass eigenen Gesetzmäßigkeiten und Regeln folgt. Dieses Handeln steht mit anderen sozialen Feldern in Beziehung und funktioniert selbständig.

2. Das ökonomische Feld mit seinem eigenen Denken und Handeln ist das Ergebnis eines historischen Prozesses, der in der westlichen Welt realisiert wird.[74]

Das Algerien der 50-er Jahre regelte seine Wirtschaftsprozeße nach anderen Grundsätzen. Die Menschen hatten kein Verständnis für die moderne Rationalität. Die Wirtschaft beruhte auf dem bäuerlichen Ethos der Ehre und in mythisch-rituellen Handlungen. Gegenüber Geld waren die Bauern misstrauisch und zahlten nur mit Naturalien. Es war die Logik von Gabe und Gegengabe mit mytisch-rituellen Vorstellungen.
Durch die ethnographische Beobachtung und mit statistischen Untersuchungen erforschte Bourdieu die

praktische Logik der kabylischen Bauern der vorkapitalistischen Gesellschaft. Dabei stellte er folgende Erkenntnisse fest.

1. Ökonomisch rationales Handeln war keine universelle Denkweise. Sie basiert auf der sozialen Vorraussetzung eines Wirtschaftssystems mit den dazugehörigen Institutionen und politischen Strukturen.

2. Er beobachtete ein „nicht-rationales Handeln", das eine eigene Logik und eine eigene Rationalität besitzt, deren Voraussetzung in den sozialen Verhältnissen und Strukturen der kabylischen Welt zugrunde liegt. Diese Erfahrungen prägten die Sichtweisen und die Vorstellungen der Bauern.[75]

Die praktische Logik der kabylischen Bauern basierte auf den Erfahrungen ihrer Lebensverhältnisse. *„ Angeregt von den Arbeiten Max Webers, ... entdeckte er eine Welt, die sich in Beurteilungen von sozialen Verhältnissen und Akten äußert, und ein System von Haltungen und Dispositionen, das am Verhalten von Personen ablesbar ist."* [76] Hier erkannte Bourdieu den Zusammenhang ihrer Existenzbedingungen unter denen sie lebten. Diese Erfahrungen bestimmten ihre Wahrnehmungs- und Handlungsdispositionen. Daraus entwickelte er den Begriff des Habitus.
Der Habitus einer Person ist einerseits die *„strukturierte Struktur",* die inkorporierte Geschichte, die Präsenz der Vergangenheit in der Gegenwart. Andererseits, in Bezug auf Erwin Panofsky, ist der Habitus die *„strukturierende Struktur"* eines generierenden Prinzips einer Person. In Anlehnung an Panofsky lassen sich im Habitus-Begriff die kulturellen Objekte auf ein

82

vereinendes Prinzip zurückführen. *„Im Zentrum des Individuellen entdeckt Panofsky das Kollektive in Form und Kultur – im subjektiven Sinne des Wortes < civilisation> oder <Bildung> .... im Sinn des Habitus.*"[77] Die gotische Architektur, die Schrift und das scholastische Denken des Mittelalters ist mit dem menschlichen Körper untrennbar. Der Künstler ist mit dem Kollektiv seines Zeitalters verbunden, ohne dass es ihm bewusst ist. Mit dieser strukturalistischen Methode untersuchte Bourdieu die kulturellen Produkte, die Handlungsweisen im Alltag, die sozialen Beziehungen und Bedeutungen im kulturellen Leben der Bauern.

Diese grundlegenden Haltungen verschiedener Produktionen bestimmen den Stil einer Epoche, den Habitus. Einheitliche Handlungen in unterschiedlichen Bereichen erzeugen ein gemeinsames Prinzip, einen gemeinsamen Habitus.

Die philosophischen Wurzeln des Habitus-Kozeptes

Thomas von Aquin bezeichnet den Habitus als die Eigenschaft eines Zustandes und die dauernde Anlage von Handlungen. Der Habitus ist eine Vermittlungsinstanz zwischen dem Besitzt einer Potentialität von Möglichkeiten und dem Besitzt der Ausführung von Handlungen. Er unterscheidet verschiedene Habitus-Formen. Bourdieu knüpft in seinem Konzept an den „Habitus der Tätigkeit", den *„habitus operativus"* an.

Die Habitus werden aus seiner Tätigkeit erkannt. An den Handlungen einer Person kann man deren Habitus erkennen und rekonstruieren. Dadurch können ohne psychologisches Wissen, subjektive Beweggründe, geheime Wünsche, offene und verdeckte Motive erkannt werden. *„...die Tatsache, dass Personen bei ihren Handlungen nicht überlegen, sondern ohne Verzögerung einen spontanen Akt vollziehen können, spricht für das Vorliegen eines Habitus, ... die als Ausdruck ihre Persönlichkeit gelten."*[78] Thomas von Aquin bezieht sich in seiner Lehre auf Aristoteles. Aristoteles betont die Bedeutung der Erfahrung, der Gewöhnung und der praktischen Erinnerung des Körperlichen im menschlichen Handeln. Erfahrung ist ein langjähriger Prozeß, der eine Beziehung zwischen dem Können und dem Wissen des menschlichen Handeln aufbaut. Der Mensch ist mit diesen Erfahrungen dem Leben gewachsen. Aus den vielen einzelnen Erfahrungen entstehen die Erinnerungen, die sich wiederholen. Aus dem Erfahrungswissen entsteht praktisches Können und die Fähigkeit des Könnens in der Praxis. Die alltäglichen Handlungen verbinden körperliches Tun, Erfahrung und Können. In dieser

Erfahrung entsteht eine körperliche Geschlossenheit, die im aktivem Können zum Ausdruck kommt. Nach Aristoteles gibt es im Menschen ein praktisches Wissen das durch das Tun in der Welt konstruiert wird. Es ist das biographische Wissen des Menschen, das sich durch die Veränderungen in der Welt hervorruft und bildet. Dieses Wissen ist dem Menschen kognitiv nicht zugänglich, da es sich durch die Gewohnheit im Körper manifestiert. *„Der Habitus entsteht nach Aristoteles aus der Erfahrung, in einzelnen Handlungen, die das Subjekt in Erinnerung behält, als Gewohnheit, die sich von Einzelhandlungen unterscheidet."*[79] Die Gewohnheit und das Handeln ist durch den körperlichen Prozeß im Subjekt gespeichert. Die Gewohnheit ist anderseits eine Anlage, die auf ein zukünftiges Handeln ausgerichtet ist. Im Habitus wird ein reflektierendes Handeln hervorgebracht, das sich in der Erfahrung gebildet hat und dessen Handeln sich auf die Zukunft richtet. Dieser Habitus entsteht in Handlungen und wird in neuen Situationen ausgeführt.

Die Funktionsweise des Habitus

Der Habitus ist nur durch den sozialen Kontext zu verstehen. Zu den zentralen Strukturkategorien des Habitus gehören die Klasse, Geschlecht und der soziale Raum. Im sozialen Kontext gibt es zwei Formen des Habitus, die geschichtliche Objektivierung in den Institutionen und die Objektivierung im menschlichen Organismus. Die soziale Realität existiert in den Köpfen und Räumen, sowie innerhalb und außerhalb der Handelnden. Diese verinnerlichten gesellschaftlichen Strukturen des Habitus basieren auf einer eigenen Logik. Durch die Existenz und Funktion der *„strukturierten und strukturierenden Struktur"* [80] leben die angeeigneten Institutionen im Subjekt. Es sind die toten Buchstaben, die toten Sprachen, die sich im Habitus wiederfinden. Mit den Kategorien Klasse, Geschlecht und sozialer Raum werden bei Bourdieu drei Prinzipien gesellschaftlicher Strukturen beschrieben. Die *soziale Klasse* bezieht sich auf die vertikal sozialen Ungleichheiten in der Gesellschaft. Die ungleiche gesellschaftliche Teilhabe an Reichtum, Entscheidungs- und Gestaltungsprozessen wird darin erörtert. Zum *sozialen Raum* gehört die differenzierte, arbeitsteilige Gliederung der modernen Gesellschaft. Zum *Geschlecht* gehört die Arbeitsteilung von Mann und Frau. Diese sozialen Ordnungen prägen die gesell. Verhältnisse der handelnden Individuen.

Der Habitus und seine Beziehung zum sozialen Raum

Der zentrale Begriff in seinem Werk ist der Habitus-Begriff, der bereits in seinen Studien bei den Kabylen entstand. Der Habitus-Begriff ist das Erscheinungsbild eines Menschen mit Verhaltensstilen, die gesellschaftlich geprägt sind. Bourdieu verwendet den Habitus-Begriff in einer *dialektischen Form*, um hier die subjektiven und einverleibten Strukturen des Individuums zwischen Objektivismus und Subjektivismus zu überwinden.[81] Der Habitus ist etwas subjektives, ein System von verinnerlichten Strukturen. Dieses System basiert auf einem Wahrnehmungs-, Denk-, und Handlungsschemata, indem alle Mitglieder einer Gruppe verinnerlicht sind. Somit ist der Habitus einerseits ein Bindeglied zwischen der Geschichte und dem gesellschaftlichen Kontext, anderseits drückt es das Handeln, Denken, etc. von Individuen bzw. von Klassen aus. Er ist die dauerhaft verinnerlichte, durch die familiäre Sozialisation geprägte, zweite Natur des Individuums.

Die Positionierung des Individuums im sozialen Raum hängt mit seinem Lebenslauf und seinem Lebensstil zusammen. Dabei ist das Habitus das Bindeglied zwischen dem Individuum und der Positionierung im sozialen Raum. Er ist die Grundlage, die Disposition gegenüber der Welt und stellt den Zusammenhang für individuelle Interaktionen zu Bekannte, Freunde etc. dar. Der Habitus ist ein Klassenhabitus, der die Wahrnehmung, das Handeln, das Denken, etc. des Individuums generalisiert. Er ist das kollektive Unbewusste einer Klasse, der Indikator der Klassenlage, des kulturellen Kapitals. Die

Klassenzugehörigkeit eines Habitus ist abhängig von Geschlecht, sozialer Stellung, sozialem Handeln und ethnische Zugehörigkeit.

Der Begriff der Klasse steht im Zusammenhang mit dem Begriff des sozialen Raums. *„Die Wahrnehmungskategorien resultieren .... aus der Inkorporierung der objektiven Strukturen des sozialen Raumes.* "[82] Dadurch nehmen die Akteure die soziale Welt in sich auf, erkennen den Sinn und die Akzeptanz ihrer sozialen Stellung und die Distinktion zu anderen im sozialen Raum.

Der Habitus – Klassenzugehörigkeit, Geschmack und Identität

Für Bourdieu ist die moderne Gesellschaft eine Klassengesellschaft. Klassen, deren Strukturen oder Institutionen existieren in der sozialen Wirklichkeit nur, wenn sie von den Individuen im Alltagshandeln am Leben aufrecht erhalten werden. Hier geht Bourdieu im Klassenbegriff weiter als Karl Marx.

Ausgangspunkt ist der soziale Raum mit sozialen Unterschieden und der Verfügung von ökonomischen und kulturellen Kapital der Individuen. In der Art, der Gesamtmenge und der Ausstattung von Kapital unterscheiden sich die Individuen. Damit positionieren sich die Individuen im sozialen Raum in Form von Unterschieden und Beziehungen. Dazu gehört deren Vergangenheit und Zukunft, der soziale Aufstieg oder Abstieg der Individuen, die Laufbahn im sozialen Raum. Entscheidend ist die Beziehung der sozialen Klassen zwischen den Gruppen. Wie und wodurch distanzieren bzw. positionieren sich die Individuen bzw. Klassen im sozialen Raum ? Wie unterscheidet sich ihre Lebensführung, der Geschmack, die Sichtweise der sozialen Welt, der sozialen Praxis, die Unterschiede vornimmt, bewertet und ihnen dadurch einen sozialen Sinn gibt ?

In der Verknüpfung von Klassenlage und Lebensführung, die Strukturen und Handeln herstellt, zeigt sich der Habitus. Die im Habitus vorhandenen Klassifikationen, Unterscheidungen und Bewertungen kommen in den alltäglichen Lebensführungen zur Geltung. Es sind die Habitus der Dinge, Objekte, Aktivitäten, die umgewandelt werden in *„distinktive Zeichen ....zu diskontinuierliche Gegensätze.."* [83] Aus der physischen Ordnung in der Wirklichkeit entsteht die symbolische Ordnung der Unterschiede.

Unterschiedliche Handlungen erhalten durch die Akteure ihren sozialen Sinn dadurch, dass sie soziale Unterschiede und Zugehörigkeiten zu oder von anderen Klassen darstellen.

Besitzen die Individuen die gleichen Bedingungen, verfügen sie über einen gemeinsamen Klassenhabitus. Im Klassenhabitus prägt sich die soziale Lage der Individuen aus, legt ihre äußere Erscheinung, Vorstellung, Empfinden, Geschmack und den Umgang mit Kulturprodukten fest. Zentrales Unterscheidungsprinzip der Klassen liegt in ihrem Geschmack für Kultur und Ökonomie. Die herrschende Klasse ist geprägt von ihren Luxusgeschmack, der *„Stilisierung des Lebens"*, mit dem sie sich von den unteren Klassen abgrenzt, während sich die einfache Bevölkerung mit dem *„Notwendigkeitsgeschmack"* am Leben erhält.

In seinem Buch *„Die feinen Unterschiede"* wird der klassenspezifische Sprachgebrauch, die Vorliebe für bestimmte Musik, Kunst, Freizeitverhalten und

Bildungsinstitutionen der sozialen Klassen untersucht. In den klassenspezifischen Präferenzen drückt sich eine Beziehung zur Welt aus, ein Verhältnis zu sich selbst und zu seinem Körper. Im Körper der Person artikuliert und manifestiert sich die gewordene soziale Klasse, sie ist der *„Ausdruck der Identität des Individuums"[84]*. Das Körperbild ist die Vorstellung vom eigenen Körper, der gesellschaftlich geformt und entstanden ist. Dadurch findet das Individuum zu seiner Identität. Alle Klassen bilden und realisieren in ihrem sozialen Raum eine Körpergestalt und eine Haltung mit unterschiedlichen Voraussetzungen.

Die objektiven Möglichkeiten einer Klasse bestimmen ihre Zukunftserwartungen und ihre Strategien der Reproduktion oder Veränderung ihrer sozialen Lage. Bourdieu setzte sich mit diesen Zukunftsstrategien von Schule und gesellschaftliche Institutionen auseinander. Die Bildungsinstitution ist nicht nur die berufliche Platzierung des Individuums und seiner Lebenschancen, sie ist der Mechanismus des sozialen Aufstiegs. In der herrschenden Klasse, die über ökonomisches, kulturelles und soziales Kapital verfügt, werden Habitus inkorporiert, die einen sozialen Aufstieg begünstigen und den Klassenerhalt der Herrschenden gewährleisten und aufrechterhalten. Die unterschiedlichen Lebensstile der Individuen einer Klasse sind ohne den Habitus nicht zu erklären. Der Habitus ist das generalisierte Prinzip von vielfältigen, differenzierten und spontanen Handlungen, die Subjekte artikulieren. Im Habitus wirkt die Vergangenheit im Individuum fort, die ihn gestaltet und geformt hat. Sie vermittelt dem Individuum Orientierung, Handlung etc. seine Position im sozialen Raum seiner Klasse. Somit bleibt das Individuum in seiner Klasse und reproduziert habituierte Handlungen. Der individuelle soziale Aufstieg aus der Unter- und der Mittelschicht ist eine Positionsverlagerung im sozialen Raum. Da die Individuen über ökonomisches, kulturelles und sozialem Kapital nicht verfügen, basiert ihr Aufstieg auf einen Habitus der gekennzeichnet ist durch eine Haltung von Ehrgeiz, Askese, Opfer, Verzicht, Entsagung, Eifer, Akkumulation und Dankbarkeit. Die gegenwärtig anstrengende Entbehrung richtet sich auf eine zukünftige Befriedigung aus. Der objektive Aufstieg bringt einen Habitus hervor, der die *„wahrscheinliche Zukunft antizipiert und entsprechendes Handeln generiert"*[85]. Auch wenn sich die Lebensverhältnisse des Individuums verändern, so kann er seine persönliche und soziale Identität und seinen Habitus nicht verändern. Die positionierte Veränderung im sozialen Raum führt zu einer Weiterentwicklung und Modifikation von kulturellen Werten des bisherigen Habitus. Trotz des Aufstiegs bleiben die konformistischen und autoritären Verhaltensmustern im kleinbürgerlichen Habitus bestehen.[86]

Der Habitus und die symbolische Gewalt der männlichen Herrschaft

Die symbolische Gewalt ist eine sanfte Gewalt. Sie ist ein Modus der Herrschaftsausübung. *„Die männliche Herrschaft ist ..... der geeignetste Gegenstand, um diese modernen Herrschaftsformen zu begreifen."*[87] Die symbolische Gewalt ist eine Gewalt, die in der face-to-face Interaktion zur Geltung kommt. Die Herrschaft wird in der Interaktion zwischen den Individuen aufgebaut und produziert. Dabei handelt es sich um eine unsichtbare Form der Gewalt, die eine Sichtweise in der sozialen Ordnung realisiert, die von den Herrschenden und den Beherrschten im Habitus vorhanden ist. Die subjektiven Strukturen und die objektiven Verhältnisse sind im Habitus der Individuen inkorporiert. Die symbolische Gewalt ist ein Einverständnis der Beherrschten, durch deren inkorporierten Habitus. Dieses Einverständnis der Akteure basiert auf jener symbolischen Ordnung, welche die Handlungen gegenseitig hervorrufen.
Durch den inkorporierten Habitus akzeptieren die Unterdrückten die geltende Ordnung der symbolischen Gewalt noch bevor die Interaktion realisiert wird.
Der Habitus und das soziale Handeln mit dem eigenen Körper

Der Habitus ist die inkorporierte Struktur und Geschichte der Akteure, die intuitiv im sozialen Raum praktiziert wird. Es ist *„ein Zustand des Leibes."*[88] Nach Bourdieu wird der Habitus in der sozialen Praxis konstruiert.
Die Regeln der Gesellschaft und der sozialen Subjekte entstehen im körperlichen Handeln. Der praktizierte

Sinn *„das ist die mit dem Habitus gegebene Fähigkeit, Handlungsweisen zu erzeugen, die mit den sozialen Ordnungen übereinstimmen .... die als Natur gewordene, in motorische Schemata und automatische Körperreaktionen verwandelte gesellschaftliche Notwendigkeit."*[89] Die inkorporierten Erfahrungen der sozialen Welt manifestieren sich im Körper, Körperhaltung und -gebrauch des Individuums. Der Körper ist der Speicher der sozialen Erfahrung und in ihm kommt der Habitus zur Geltung. Somit ist der Habitus an das lebende Individuum gebunden, an dessen körperliche Existenz. Das Individuum besitzt nur einen Habitus, aber in diesem Habitus manifestieren sich die verschiedenen aus dem gesamten Leben erlebten Erfahrungen in und mit der Wirklichkeit. Der Habitus im Körper ist Bestandteil des handelten Subjekts und der sozialen Welt. Die Vorstellungen, Absichten etc. sind einerseits das Mentale soziale Handeln der Individuen, mit der sie sozial interagieren. Anderseits zeigt sich im Habitus der körperliche Ausdruck, die Bewegungen, die Ausprägung von Gesten, mit der sie ihr Spiel spielen. Über den Habitus wird die sinnliche Erfahrung der sozialen Welt aufgenommen, das Soziale und die objektiven sozialen Bedingungen inkorporiert und in eigene subjektive Konstruktionen umgeformt. Somit ist der Habitus *„das Körper gewordene Soziale"*[90]. In diesem Prozeß wird das Soziale in der Auseinandersetzung mit der Wirklichkeit aktiv in den Habitus eingelagert und der konkrete Erfahrungs- und Handlungskontext einverleibt. Das Individuum empfängt und nimmt aus seiner strukturierten Umwelt inkohärente Sinneseindrücke und Einzelteile wahr, die es mit der Hilfe seines Organismus, zu einem Ganzen, zu einem Bild der Wirklichkeit konstruiert. Bei Bourdieu ist der Körper die Instanz der sozialen und praktischen Einverleibung der sozialen Welt mit seinen Sinnen und Bewegungen, die Konstruktion des Habitus.

Der Habitus und die Wechselwirkung von Individuum und Gesellschaft

Mit dem Habitus entsteht ein anderes Verhältnis von Individuum und Gesellschaft. *„Durch das körperliche In-der-Welt-Sein ist der Mensch immer schon in der Gesellschaft.... Dieses In-der-Gesellschaft-Sein ist .... eine aktive Auseinandersetzung mit der sozialen Welt. Gesellschaft und Individuum bedingen sich gegenseitig."*[91] Hier spiegelt sich die Objektivierung der Geschichte von Institutionen und Habitus. Die Individuen beteiligen sich am sozialen Prozeß, indem sie durch ihr Handeln und ihrem Sinn die soziale Welt erzeugen. Mit dem *Körper gewordenen Sozialen*[92] erklärt sich, wie die Gesellschaft im sozialen Subjekt Gestalt annimmt. Die Individuen eignen sich die vorhandenen gesellschaftlichen Strukturen, Institutionen und den Habitus an, verändern und schaffen sie neu. In der Wechselwirkung von Individuum und Gesellschaft problematisiert sich die Herrschaft. Herrschaft korporiert sich über den Habitus selbst in das Individuum ein.

Der Habitus und das unbewusste Spiel der Handelnden

Objektiv gesehen ist das soziale Handeln ein zweckorientiertes Handeln, dass aber ohne Bewusstsein, ohne Vorsatz und ohne Entschluß realisiert wird. Der Habitus arbeitet als Bestandteil eines lebenden Organismus, nach einem eigenen lebenden System. Georg Herbert Mead beschreibt das soziale Handeln als ein *„nur zum geringsten Teil als bewusst kalkuliertes und ... rationales Handeln."* [93] Das soziale Handeln folgt einer sozialen Logik, die zwar dem Individuen selbstverständlich ist, dass sie aber selbst nicht darüber nachdenken können. Die Gesellschaft ist ein Mit- und ein Gegeneinander von Akteuren, die sich wechselseitig anerkennen. Die Gestalt der Gesellschaft manifestiert sich in den sozialen Subjekten. Sie wird von den Individuen angeeignet, in sich aufgenommen und gestaltet. Die Gesellschaft wiederum wird durch das praktische Handeln der Subjekte im sozialen Raum mit einer konkreten Struktur und Gestalt konstituiert.

Das Habitus und seine Beziehung zum Begriff der Identität

Das Habitus-Konzept ist eine Alternative zum Rollen-Konzept. Im Habitus wird das soziale Subjekt als vergesellschaftet betrachtet, da die unterschiedlichen sozialen Rollen in der Wirklichkeit nicht getrennt auftreten. Dadurch wird der Habitus als eine Identität des Individuum betrachtet, das ein kohärentes Handeln als sozialer Akteur besitzt. Der Habitus ist der Zusammenhang von verschiedenen Handlungen eines Individuums. Am Beispiel der *„persönlichen Handschrift ... gibt das Individuum eine spezifische, erworbene Disposition, Buchstaben in einzigartiger Manier zu schreiben, ... die immer die gleiche Schrift hervorbringt., d.h. Schriftzeichen."[94]* Die verschiedenen Aktivitäten eines Individuums stehen in einer Kohärenz mit der Ausgestaltung seiner sozialen Beziehungen. Identität ist somit eine Art *„Familienähnlichkeit"*, in der das Individuum Gemeinsamkeiten, Ähnlichkeiten und Affinitäten in der Praxis interagiert.

Im zeitlichen Rückblick eines Individuums zeigt sich die Stabilität des Habitus, daß die eigene Vergangenheit, Gegenwart und Zukunft sich in Form von Handlungsstilen, Erfahrungen, Körperhaltungen etc. in der Person wieder spiegelt. Die Stabilität des Habitus, die *„Identität"*, ist statisch gegen über Veränderungen und immun gegen den sozialen Wandel. Die Bedeutung der frühkindlichen Erfahrungen bildet den Habitus aus. Sie ermöglichen Handlungsspielräume im sozialen Raum und verschließen gleichzeitig andere. Die Stabilität des Habitus eines Individuums oder einer Gruppe ist von den sozialen Verhältnissen abhängig. Selbstverständliche Handlungen und Interaktionen werden im sozialen Raum konflikthaft, brüchig und in Frage gestellt. Die Interaktionen werden den Individuen bewusst, sie setzen sich damit auseinander und Handlungen werden reflektiert. Dies zeigt, dass soziale Zusammenhänge sowohl von äußeren Zwängen als auch von der Vergangenheit des Individuums, im Habitus abhängen.

Die feinen Unterschiede und die drei Geschmacks - Dimensionen

In seinem 1979 veröffentlichen Werk „Die feinen Unterschiede" behandelt Bourdieu die Grenzen der sozialen Klassen im Alltag bzw. im sozialen Raum. Dabei vergleicht er den ästhetischen Geschmack mit dem minderen Geschmack. Geschmack ist nach Bourdieu, *„nie etwas Individuelles und schon gar kein persönliches Verdienst, sondern muß immer als etwas Gesellschaftliches betrachtet werden."*[95] Diese Unterschiede sind gesellschaftlich gemacht. Die Zugehörigkeit zum sozialen Raum, die soziale Herkunft und ein bestimmter Habitus gehören zusammen.

Bourdieu unterscheidet drei Geschmacks-Dimensionen:

- *den legitimen Geschmack*
- *den mittleren Geschmack*
- *den populären Geschmack*[96]

Die kulturelle Ausübung des Musikhörens ist für ihn der Indikator der Klassengrenzen, der Distinktionen *„da Musik die vergeistigte aller Geisteskünste"*[97] ist. Diese kulturellen Präferenzen und Bedürfnisse sind sozialisationsbedingt. Sie stabilisieren und manifestieren die sozialen Unterschiede in der Gesellschaft. Mit diesen Geschmäckern entwickelt er eine Klassentheorie, die sich nicht auf die ökonomische Position, sondern auf den kulturellen Konsum gründet. Das Mobiliar oder die Kleidung ist der Lebensstil einer Klasse und ist daran erkennbar.

Der legitime Geschmack bzw. die legitime Kultur ist die kulturelle Praxis des Bildungsbürgertums, der herrschenden Klasse.[98] In dieser Klasse werden durch die kulturellen Investitionen, distinktive Merkmale zu anderen Klassen ausgebildet, deren Habitualisierung mehr als die Bildungsinvestitionen gelten. *„Als besonderes Zeichen geistiger Bildung gilt musikalische Bildung und musische Kompetenz. Die ästhetisierende Einstellung des Bildungsbürgertums erklärt die Funktion des Dargestellten zur Nebensache."*[99]

Der kulturelle Konsum, sowie der Umgang mit Kunstwerken sind rituell inszenierte Wiedererkennungs- und Einordnungsmerkmale von Individuen und Gruppen im sozialen Raum einer Klasse. Der sichere Umgang mit Kultur, die Fähigkeit zur ästhetischen Kommentierung ist ein Produkt unbewusster Aneignung während der familiären Sozialisation. Der objektive und subjektive Sinn, der für ästhetische Präferenzen zum Ausdruck kommt, stellen den eigenen Rang und die Distanz zu anderen im sozialen Raum dar. Distinktives Verhalten setzt Unterschiede zu den „unteren Schichten" voraus, das als *„Auf-Distanz-Halten"*[100] verstanden wird.

Das ökonomische, kulturelle und soziale Kapital

Bei dem Begriff **Kapital** bezieht sich Bourdieu auf die Theorie von Karl Marx. Kapital ist hier ist das Eigentum an Produktionsmitten, von Betriebsmitteln, Grund und Boden.[101] Die Gesellschaft ist akkumulierte Geschichte, in der die menschliche Arbeit in Form von materieller oder inkorporierter Art zu Kapital akkumuliert wurde. Kapital enthält einerseits eine Kraft mit objektiven und subjektiven Strukturen. Anderseits ist Kapital die Grundlage für die inneren Regelmäßigkeiten der sozialen Welt.[102] Das in objektiver oder verinnerlichter Form akkumulierte Kapital benötigt Zeit um zur Geltung zu kommen. Das Kapital besitzt eine Überlebenstendenz, es kann Ertrag produzieren, sich selbst reproduzieren oder auch wachsen. Objektiv enthält das Kapital eine innere Kraft, die das mögliche bzw. unmögliche regelt. *„Die zu einem Zeitpunkt gegebene Verteilungsstruktur verschiedener Arten ... von Kapital entspricht der ... Struktur der gesellschaftlichen Welt."*[103]
Für Bourdieu gehört zur Gesellschaft auch die kulturelle und die soziale Ebene. In diesem Zusammenhang erweitert er den Kapitalbegriff in Erscheinungsformen, die in der Gesellschaft ausgetauscht werden können, zu ökonomischen, kulturellen und sozialen (symbolischen) Kapital.

Bourdieu unterscheidet drei grundlegende Kapitalformen. Das *ökonomische Kapital*, das unmittelbar und direkt in Geld aus- und umtauschbar ist. Das *kulturelle Kapital*, ist konvertierbar in ökonomisches Kapital und in Bildungstiteln. Das *soziale Kapital,* ist das Beziehungsnetzwerk und eine

Ressource, in der kulturelles in ökonomisches Kapital konvertierbar ist.

Ökonomisches Kapital ist materieller Besitz von Geld und Eigentum. Die gesellschaftliche Macht ist nicht von dieser, sondern von subtileren Mechanismen anhängig. Ökonomisches Kapital erhält seine Machtposition, wenn es mit den Kapitalformen des kulturellen und des sozialen Kapital ausgeübt wird.

Das **kulturelle Kapital** erwirbt der Mensch durch seine schulische Ausbildung. Als Bildungskapital ist es verbunden mit seinen Titeln. Seine Grundlagen wird in der Familie erworben und vermehrt. Je höher die Schulbildung in der Familie ist, desto selbstverständlicher ist der Umgang mit Bildungsinstitutionen, kulturellen Einrichtungen und die Verfügung des kulturellen Kapitals im Habitus. Dieser Habitus ist Anerkennung nach innen und Abgrenzung nach außen. *„Dieses kulturelle Kapital wird durch das Unterrichtssystem einer Gesellschaft und familiäres Erbe .... neu produziert."* [104] Das vorhandene ökonomische Kapital ist in der Familie die Grundlage für die Ausgestaltung des kulturellen Kapitals, das sich in Form von inkorporiertem, objektiviertem und institutionalisiertem Kapital ausprägt.

Die drei kulturellen Kapitalformen

Inkorporiertes Kulturkapital ist an den Körper gebunden. Dabei handelt es sich um die Verinnerlichung und Akkumulation von Bildungskapital, das durch persönliche Entbehrung und in einem Zeitaufwand in Bildung investiert wird. Inkorporiertes Bildungskapital ist Besitztum im Körper und fester Bestandteil des individuellen Habitus. Die Inkorporation vollzieht sich unbewusst im Erziehungsprozeß. Das kulturelle Kapital, mit seiner familiären Vererbung und seiner impliziert verfügbaren Ökonomie, erhält seinen symbolischen Stellenwert auf dem Arbeitsmarkt. Hier wird das kulturelle Kapital, die erforderliche Kulturkompetenz, in ökonomisches Kapital eingetauscht. Hier zeigt sich die wechselseitige Transformierbarkeit von kulturellem und ökonomischen Kapital. Einerseits ist das objektivierte kulturelle Kapital vom verkörperten kulturellen Kapital der Familie abhängig, anderseits beginnen mit der Akkumulation von kulturellem Kapital in der frühen Kindheit, Reproduktions- und Selektionsstrategien in der Gesellschaft.[105]

Objektiviertes Kulturkapital ist der Kauf von materiellen Objekten z.B. in Form von Büchern, Gemälden etc. das abhängig ist vom ökonomischen Kapital. Neben der Aneignung des Objektes ist es die eigentliche Voraussetzung und die Fähigkeit des inkorporierten kulturellen Kapitals, das Objekt zu verwenden.

Institutionalisiertes Kulturkapital setzt familiär inkorporiertes kulturelles- und ökonomisches Kapital voraus, das zu Bildungstiteln und zu kultureller Kompetenz führt. Der Bildungstitel ist das Umwandlungsprodukt der zwei obigen Kapitalformen und wird auf dem Arbeitsmarkt in ökonomisches Kapital eingetauscht.

Das **soziale Kapital** ist das Netzwerk von Beziehungsressourcen zu Institutionen, die mit gegenseitiger Anerkennung verbunden ist und kennzeichnet sich durch seine Beziehungsreproduktion aus. Das soziale Kapital ist abhängig vom Beziehungsumfang der Individuen und den beiden anderen verfügbaren Kapitalformen. Hier handelt es sich um die Vertrauenswürdigkeit und um die Gruppenzugehörigkeit der Individuen zu einem Netzwerk. Sie ist die Ressource, in der materielle und symbolische Austauschbeziehungen, des ökonomischen und kulturellen Kapitals, umgesetzt werden. Das soziale Kapital ist das symbolische Kapital der *„Reproduktion bestehender Beziehungen"*[106] das in Kapital akkumuliert und institutionalisiert wird. *„In allen Gesellschaften wird das symbolische Kapital dazu genutzt, ökonomische Macht zu verschleiern. Zwischen den verschiedenen Kapitalformen und den Herrschaftsformen einer Gesellschaft besteht ein enger Zusammenhang."*[107] Das symbolisches Kapital ist ein Distinktionsmittel, um die subtilen Mechanismen der Macht umzusetzen. Weil die verschiedenen Kapitalformen umwandelbar sind, lässt sich Macht in den unterschiedlichen Lebensbereichen umsetzen. *„So nutzen die besseren Kreise ... ihr kulturelles Kapital in Verbindung mit ökonomisches Kapital zur Abgrenzung.*

Die kulturellen Praktiken der ... Oberschichten dienen als Distinktionsmittel.[108]

Der soziale Raum, der Klassengeschmack und -distinktion

Bourdieus Vorstellung der Klasse wird mit dem sozialen Raum erklärt. Zwischen der Positionierung des Individuums im sozialen Raum und seines Lebensstils besteht ein Zusammenhang. Das Verbindungsglied zwischen der Positionierung im sozialen Raum und den Praktiken des Individuums befindet sich der Habitus. Der Habitus ist die Disposition des Individuums zur sozialen Welt. Darin manifestieren und entfalten sich die Grenzen des individuellen Handelns etc. eines gesellschaftlichen Systems und es entwickeln sich Lebensstile, die einen bestimmten Sinn erhalten. Somit besteht zwischen dem Raum der sozialen Positionierung und dem der Lebensstile des Individuums eine direkte Korrespondenz. Der Bereich der sozialen Positionierung und der Bereich des individuellen Geschmacks und Lebensstils sind identisch.

Die drei Klassen, die tonangebende herrschende Klasse, die aufsteigende mittlere Klasse und die untere Klasse befinden sich im sozialen Raum. *„Dieser soziale Raum besitzt ... eine gesellschaftliche Topographie"*[109]. Einige Individuen befinden sich im oberen, andere in der Mitte und wieder andere im unteren Raum. *„Wer oben beheimatet ist, dürfte ...nur in den seltensten Fällen jemanden von unten heiraten. Zunächst sind die Aussichten generell gering, dass sie sich überhaupt treffen. Sollte das einmal geschehen, dann wahrscheinlich nur so en passant, kurz, auf einem*

Bahnhof oder in einem Zugabteil. Von einem wirklichen Zusammentreffen lässt sich da schwerlich reden. Und sollten sie tatsächlich einmal ins Gespräch kommen, werden sie sich wohl nicht wirklich verstehen, kaum sich eine richtige Vorstellung voneinander machen können. Mit anderen Worten: es gibt so etwas wie einen Raum, der sehr starke Zwänge ausübt.[110] Ebenso hätte es ein Politiker schwer, gleichzeitig die Unternehmer und die Arbeiter für die gleiche Politik zu gewinnen, da sie sich im sozialen Raum auf unterschiedlichen Ebenen befinden.

Der soziale Raum ist eine Art Achsenkreuz. Die vertikale Achse hat am oberen Pol ein *Großes Gesamtkapital* und am unteren Pol ein *Geringes Gesamtkapital*. Die Horizontale Achse hat einen Intellektuellen und einen ökonomischen Pol. Individuen mit viel ökonomischen Kapital befinden sich auf der herrschenden, ökonomischen Seite, im rechten horizontalen Raumschema. Im linken horizontalen Raum befinden sich die Individuen mit viel kulturellem Kapital. In diesem sozialen Raum kommen die unterschiedlichen Positionen und Lebensstile zur Geltung.[111] Hier findet um die soziale Positionierung unter den Individuen ein permanenter Machtkampf statt, da es um die Veränderung des sozialen Raumes geht. Dieser soziale Raum ist gesellschaftlich determiniert, er gibt die Spielregeln an, nach denen die Spieler spielen.

Die Interaktion der Akteure und ihr Lebensstil ist von der Positionierung des sozialen Raums abhängig. Das Handeln und Verhalten, die Normen und Werte, der Geschmack, der Lebensstil und das Vorlieben, die Körperhaltung und –bewegung sind Ausdrucksformen eines sozialen Schicksal, der schichtspezifische

Sozialisation einer Klasse, die sich damit im sozialen Raum positioniert. Gesellschaftliches Handeln basiert auf der Abgrenzen zu anderen Klassen, um die eigene Stellung im sozialen Raum aufrechtzuerhalten. Die Oberschicht grenzt sich durch ihre Lebensformen und von den unteren Schichten ab, um ihre Stellung bewahren. Die Mittelschicht bemüht sich der Oberschicht kulturell anzupassen und die Unterschicht kämpft in ihrem Lebensstil ums überleben. Die unterschiedlichen Wahrnehmungs-, Denk- und Verhaltensweisen der Akteure im sozialen Raum sind abhängig von der sozialen Klasse. Der gesellschaftliche Geschmack wird von der herrschenden Klasse definiert. *„Diese Definitionsmacht ist der Ausdruck der Herrschaftsverhältnisse in der Gesellschaft...“*[112] Diese Macht ist das Instrument, mit der sich die höheren Klassen von den niederen Klassen abgrenzen. Mit dieser symbolischen Macht zeigt sie ihre Überlegenheit im sozialen Raum. Die Positionierung der Klassenzugehörigkeit und der Lebensstile im sozialen Raum ist abhängig vom verfügbaren Kapitalvolumen der Individuen. Die Klassenzugehörigkeit ist nicht abhängig vom ökonomischen Kapital oder von den Klassenunterschieden, sondern von der Bedeutung der symbolischen Gewalt, mit der die gesellschaftliche Macht symbolisiert und anerkannt wird. Kulturelles und soziales Kapital bestimmen die Positionen im sozialen Raum. Entscheidend ist das kulturelle Kapital, das durch die Familie in den Körper einverleibt und internalisiert wird, mit dem Kulturgüter und Bildungstiteln im Bildungssystem erworben werden. Mit dem sozialen Kapital geht es um die Beziehungen, dem Kampf um die Positionierung und der

Konvertierung der Kapitalformen im sozialen Raum. Um im sozialen Raum mitspielen zu können, muß das Individuum bzw. die Gruppe die Spielregeln beherrschen.[113] Der soziale Raum ist ein Markt, indem die Individuen mit unterschiedlichen Gewinnchancen ihr Kapital maximal zum Einsatz bringen können. *„Das Handeln der Marktteilnehmer ist …. strategisches, erfolgreiches Handeln.[114]"* Die Strategie und die Regeln ihres Handeln bleibt ihnen unbewusst. *„Der subjektive Sinn, den die Individuen ihren Handlungen beilegen, ist mit deren objektiver Bedeutung, dem sozialen Sinn, in der Regel nicht identisch."[115]* Die Individuen Handeln im sozialen Raum mit dem Habitus aus ihrer sozialen Klasse, der ein Vermittlungsglied zwischen ihrer Positionierung und ihrem Lebensstil ist.

Literaturverzeichnis:

Literatur zu Georg Büchner

Bergemann, Fritze, Hrsg.
Georg Büchner. Werke und Briefe. Gesamtausgabe.
Insel. Wiesbaden. 1958.

Blasius, Dirk.
Einfache Seelenstörungen. Geschichte der deutschen
Psychiatrie 1800-1945. Fischer. 1994.

Der Duden.
Fremdwörterbuch. Der große Duden Bd. 5.
Bibliographisches Institut Mannheim. Dudenverlag.
1971

Hartmann, Gertrud.
Irren Haus. Eine Einführung in die Psychiatrie und ihre
sozialpäd. Arbeitsfelder. Beltz, 1991.

Hauschild, Jan-Christoph.
Georg Büchner. Monographie. Rowohlt. 2004.

Knapp, Gerhard P.
Georg Büchner. Realien zur Literatur. Sammlung
Metzler. Stuttgart. 1. Aufl. 1977.

Meier, Albert.
Georg Büchner. Woyzeck. Fink. München 1993.

Mietzel, Gerd.
Wege in die Entwicklungspsychologie. Kindheit und
Jugend. Beltz, PVU. Weinheim. 4. Aufl. 2002

Poschmann, Henri, Mayer, Hans, Scheufele.
Georg Büchner. Woyzeck. C. H. Beck. München. 1991.

Schönpflug, Walter.
Geschichte und Systematik der Psychologie. Ein
Lehrbuch für das Grundstudium. Beltz PVU. 2. Aufl.
2004.

Thorn-Prikker, Jan.
Revolutionär ohne Revolution. Interpretationen der
Werke Georg Büchners. 1. Aufl. Klett-Cotta. 1978.

Literatur zu Fjodor Michailowitsch Dostojewski

Braun, Maximilian.
Dostojewski. Das Gesamtwerk als Vielfalt und Einheit.
Vandenhoeck und Ruprecht. Göttingen. 1. Aufl. 1976.

Hrsg. Düwel, Wolfgang und Grasshoff, Helmut.
Geschichte der russischen Literatur von den Anfängen
bis 1917. Bd. 2. 1. Aufl. 1986.

McClelland, David.
Macht als Motiv. Entwicklungswandel und
Ausdrucksformen. Klett-Cotta. Stuttgart. 1. Aufl. 1978

Neuhäuser, Rudolf.
F. M. Dostojewski. Die großen Romane und
Erzählungen. Interpretationen und Analysen. Böhlau.
1983.

Rheinberg, Falko.
Motivation. Kapitel Machtmotivation. Grundriss der
Psychologie. Bd. 6. Kohlhammer. 5. Aufl. 2004.

Zelinsky, Bodo, Hrsg.
Der russische Roman. Bagel. 1. Aufl. 1979.

Literatur zu Pierre Bourdieu

Baumgart, Franzjörg, (Hrsg.)
Theorien der Sozialisation. Erläuterungen, Texte,
Arbeitsaufgaben. Bd. 3., Klinkhardt,2004. 3. Aufl.

Engler, Steffani. Krais, Beate (Hrsg.)
Das kulturelle Kapital und die Macht der
Klassenstrukturen. Sozialstrukturelle Verschiebungen
und Wandlungsprozesse des Habitus.
Bildungssoziologische Beiträge.
Juventa. Weinheim und München. 2004.

Fuchs-Heinritz, Werner. König, Alexandra
Pierre Bourdieu. Eine Einführung. UVK
Verlagsgesellschaft mbH. Konstanz. UTB 2649. 2005.

Koller, Hans-Christian
Grundbegriffe, Theorien und Methoden der
Erziehungswissenschaft. Kohlhammer. 2006. 2. Aufl.

Krais, Beate. Gebauer, Gunter
Habitus. Themen der Soziologie. Transcript Verlag.
2002.

Rehbein, Boike
Die Soziologie Pierre Bourdieus. UVK
Verlagsgesellschaft mbH. Konstanz. UTB 2778. 2006.

Treibel, Annette
Einführung in soziologische Theorien der Gegenwart.
VS, Verlag für Sozialwissenschaften, UTB 8070.
Wiesbaden. 2004, 6. Aufl.

Anmerkungen

[1] Hauschild, Jan-Christoph. Georg Büchner. Rowohlt. 2004. S. 149. ff

[2] Ebenda. S. 149. Z. 35-37.

[3] Ebenda. S. 146. ff

[4] Ebenda. S. 148. ff.

[5] Meier, Albert. Georg Büchner, „Woyzeck". Fink.1993. S. 13. ff.

[6] Hauschild, Jan-Christoph. Georg Büchner. Rowohlt. 2004. S. 141. Z. 10 – 11.

[7] Ebenda. S. 143. ff.

[8] Ebenda. S. 141. Z. 12–15.

[9] Ebenda. S. 141. ff.

[10] Ebenda. S. 141. Z. 33-37.

[11] Ebenda. S. 142. ff. und S. 143. ff.

[12] Meier, Albert. Georg Büchner, „Woyzeck". Fink. 1993. S. 21. ff.

[13] Ebenda. S. 22. Z. 1-4.

[14] Ebenda. S. 23. ff.

[15] Ebenda. S. 23 ff.

[16] Ebenda S. 23. Z. 30-33.

[17] Ebenda. S. 24. Z. 12-15.

[18] Duden. Fremdwörterbuch. Der große Duden Bd. 5. Dudenverlag. 1971.

[19] Georg Büchner. Werke und Briefe. Gesamtausgabe. Hrsg. Fritz Bergemann. Insel. 1958. S. 159. Z. 9-10.

[20] Ebenda. S. 159. Z. 4-5.

[21] Ebenda. S. 160. Z. 5-6.

[22] Ebenda. S. 159 und 160.

[23] Meier, Albert. Georg Büchner, „Woyzeck". Fink. 1993. S. 55. Z. 9-13.

[24] Ebenda. S. 58. Z. 15-19.

[25] Hartmann, Gertrud. Irren Haus. Beltz. 1991. S. 13 ff.

[26] Blasius, Dirk. Einfache Seelenstörungen. Fischer. 1994. S. 11. ff.

[27] Ebenda. S. 10 ff.

[28] Hartmann, Gertrud. Irren Haus. Beltz. 1991 S. 23. Z. 31-36.

[29] Ebenda. S. 23. Z. 36-37.

[30] Ebenda. S. 24. Z. 6-10.

[31] Schönpflug, Walter. Geschichte und Systematik der Psychologie. Beltz PVU. 2. Aufl. 2004. S. 180. Spalte 2. Z. 19-19.

[32] Hartmann, Gertrud. Irren Haus. Beltz. 1991. S. 15. ff.

[33] Ebenda. S. 16. ff.

[34] Ebenda. S. 16. ff.

[35] Ebenda. S. 17. Z. 1-4.

[36] Ebenda. S. 17. Z. 17-18.

[37] Ebenda. S. 17 ff.

[38] Edenda. S. 18. 1-8.

[39] Ebenda. S. 18 ff.

[40] Ebenda. S. 21 ff.

[41] Ebenda. S. 22. Z. 34-35.

[42] Ebenda. S. 22.

[43] Schönpflug, Walter. Geschichte und Systematik der Psychologie. Beltz PVU. 2. Aufl. 2004. S. 263. Spalte1. Z. 3-5.

[44] Schönpflug, Walter. Geschichte und Systematik der Psychologie. Beltz PVU. 2. Aufl. 2004. S. 263. Spalte. 2. Z. 22-26.

[45] Hrsg. Düwel, Wolfgang und Grasshoff, Helmut. Geschichte der russischen Literatur von den Anfängen bis 1917. Bd. 2. 1. Auflg. 1986. S. 174. Spalte 1. Z. 40-43.

[46] Ebenda. S. 176. Spalte. 1. ff.

[47] Ebenda. S. 176. Spalte 2. Z. 1-5.

[48] Ebenda. S. 168. Spalte 1 ff.

[49] Ebenda. S. 169. Spalte 1. ff.

[50] Ebenda. S. 169. Spalte 2. Z. 20-25.

[51] Ebenda. S. 170. Spalte. 1. Z. 19-22.

[52] Ebenda. S. 183 und 184 ff.

[53] Ebenda. S. 185. Spalte 1. ff.

[54] Ebenda. S. 185. Spalte. 2. Z. 42-44.

[55] Ebenda. S. 186. Spalte 2. ff.

[56] Neuhäuser, Rudolf, In *Zelinsky, Bodo, Hrsg.* Der russische Roman. August Bagel Verlag. Düsseldorf. 1. Aufl. 1979. S. 162. Z. 3-9.

[57] S. 162. ff.

[58] S. 164. ff.

[59] S. 164. Z. 33-35.

[60] S. 165. Z. 30.32.

[61] S. 165. Z. 33-34.

[62] S. 167. Z. 27-30.

[63] S. 168. Z. 11-14.

[64] Neuhäuser, Rudolf, In *Zelinsky, Bodo, Hrsg.* Der russische Roman. August Bagel Verlag. Düsseldorf. 1. Aufl. 1979. S. 166. Z. 39-40.

[65] Hrsg. Düwel, Wolfgang und Grasshoff, Helmut. Geschichte der russischen Literatur von den Anfängen bis 1917. Bd. 2. 1. Auflg. 1986. S. 187. Spalte. 2 Z. 1-7.

[66] Ebenda. S. 187. Spalte 2 ff.

[67] Rheinberg, Falko. Motivation. Kapitel Machtmotivation. Grundriss der Psychologie. Bd. 6. Kohlhammer Verlag. Stuttgart. 5. Auflg. 2004.

[68] McClelland, David. Macht als Motiv. Entwicklungswandel und Ausdrucksformen. Konzepte der Humanwissenschaften. Klett-Cotta. 1. Auflg. 1978.

[69] Hrsg. Düwel, Wolfgang und Grasshoff, Helmut. Geschichte der russischen Literatur von den Anfängen bis 1917. Bd. 2. 1. Auflg. 1986. S. 189. Spalte 1. Z. 36-40.

[70] Ebenda. S. 189. Spalte 2. Z. 32-35.

[71] Treibel, Annette. Einführung in soziologische

Theorien der Gegenwart. VS. 6. Aufl. 2004. S. 240 – 241.

[72] Ebenda. S. 223. Z. 13 – 17.

[73] Ebenda. S. 224. Z. 23 – 25.

[74] Krais, Beate. Gebauer, Gunter. Habitus. Themen der Soziologie. S. 18. ff.

[75] Ebenda. S. 21 ff.

[76] Ebenda. S. 22. 17 – 22.

[77] Ebenda. S. 24, Z. 7 – 11.

[78] Krais, Beate. Gebauer, Gunter. Habitus. Themen der Soziologie. S. 26. Z. 26 – 30.

[79] Ebenda. S. 25 – 28.

[80] Krais, Beate. Gebauer, Gunter. Habitus. Themen der Soziologie. S. 34. Z 34 – 34.

[81] Treibel, Annette. Einführung in soziologische Theorien der Gegenwart. VS. 6. Aufl. 2004. S. 226 ff.

[82] Ebenda. S. 228. Z. 9 – 10.

[83] Krais, Beate. Gebauer, Gunter. Habitus. Themen der Soziologie. S. 37 ff.

[84] Ebenda. S. 40. Z. 14 – 14.

[85] Ebenda. S. 46 Z. 33 – 34.

[86] Ebenda. S. 46 ff.

[87] Ebenda. S. 52. Z. 9 – 11.

[88] Krais, Beate. Gebauer, Gunter. Habitus. Themen der Soziologie. S. 75. Z. 11 – 11.

[89] Ebenda. S. 75,. Z. 17 – 21.

[90] Ebedna. S. 78 ff.

[91] Ebenda. S. 78, Z. 10 – 16.

[92] Ebenda. S. 80,. ff.

[93] Ebenda. S. 80, Z. 20 – 21.

[94] Krais, Beate. Gebauer, Gunter, Habitus. Themen der Soziologie. S. 70. Z. 10 – 14.

[95] Treibel, Annette. Einführung in soziologische Theorien der Gegenwart. VS. 6. Aufl. 2004. S. 233. Z.

12 – 13.

[96] Ebenda. S. 233, Z. 34 – 36.

[97] Ebenda. S. 233, Z. 45 – 45 und S. 234, Z. 1 – 1.

[98] Ebenda. S. 234 ff.

[99] Ebenda. S. 234. Z. 38 – 40.

[100] Ebenda. S. 235. ff.

[101] Treibel, Annette, Einführung in soziologische Theorien der Gegenwart. VS. 6. Aufl. 2004. S. 229 ff.

[102] Baumgart, Franzjörg, (Hrsg.). Theorien der Sozialisation. Erläuterungen, Texte, Arbeitsaufgaben. Bd. 3. 3. Aufl. Klinkhardt, Bad Heilbrunn. 2004. S. 217. ff.

[103] Ebenda. S. 217, Z. 34 – 35. und S. 218, Z. 1 – 1.

[104] Treibel, Annette, Einführung in soziologische Theorien der Gegenwart. VS. 6. Aufl. 2004. S. 229, Z. 45 – 47.

[105] Baumgart, Franzjörg, (Hrsg.). Theorien der Sozialisation. Erläuterungen, Texte, Arbeitsaufgaben. Bd. 3. 3. Aufl. Klinkhardt, Bad Heilbrunn. 2004. S. 221. ff.

[106] Treibel, Annette, Einführung in soziologische Theorien der Gegenwart. VS. 6. Aufl. 2004. S. 230. Z. 50 – 50.

[107] Ebenda. S. 231. Z. 26 – 30.

[108] Ebenda. S. 232. Z. 14 – 17.

[109] Baumgart, Franzjörg. (Hrsg.). Theorien der Sozialisation. Erläuterungen, Texte, Arbeitsaufgaben. Bd. 3. 3. Aufl. Klinkhardt, Bad Heilbrunn. 2004. S. 208. Z. 7 – 8.

[110] Ebenda. S. 209. Z. 14 – 22.

[111] Ebenda. S. 210 ff.

[112] Ebenda. S. 200. Z. 23 – 24.

[113] Ebenda. S. 201 ff.

[114] Ebenda. S. 201. Z. 19 – 20.

[115] Ebenda. S. 201. Z. 22 – 24.